Ulrich Offenberg

AUFSTIEG UND FALL DES RÖMISCHEN REICHES

© Verlag KOMPLETT-MEDIA GmbH
2015, München/Grünwald
www.der-wissens-verlag.de

Geschichts-Daten

21. April 753 v. Chr.:	**Gründung Roms, Romulus & Remus**
716 – 671:	Numa Pompilius
671 – 640:	Tullus Hostilius
640 – 616:	Ancus Marcius
616 – 579:	**Lucius Tarquinius Priscus**
579 – 535:	Servius Tullius
534 – 508 :	Lucius Tarquinius Superbus
508 :	**Gründung der Republik**
493 :	Foedus – Friedensvertrag mit lateinischer Liga
461:	Gesetze der Zwölf Tafeln
279:	Schlacht bei Ascolum („Phyrrhos-Sieg“)
275:	Sieg bei Malvento (Phyrrhos), Unterwerfung Süditaliens
264 – 241:	**Erster Punischer Krieg**
255:	Seeschlacht bei Tunis
218 – 201:	**Zweiter Punischer Krieg**
216:	Schlacht bei Cannä
202:	Schlacht bei Zama
149 – 146:	**Dritter Punischer Krieg**
148:	Eroberung Makedoniens & Griechenlands
130 – 30:	**Römischer Bürgerkrieg**
110:	Der afrikanische Skandal
107 – 101:	Gaius Marius
91 – 89:	Bundesgenossenkrieg
88 – 82:	Lucius Cornelius Sulla
82 – 79:	Lucius Cornelius Cinna
63:	Marcus Tullius Cicero
60:	Erstes Triumvirat: Pompeius, Cäsar, Crassus
58 – 51:	Cäsar unterwirft Gallien
49:	**Schlacht bei Pharsalus: Cäsar schlägt Pompeius**
15. März 44:	Ermordung Cäsars
42:	Zweites Triumvirat: Octavian, Pompeius, Lepidus
31:	**Schlacht bei Actium, Octavian schlägt Antonius**

27:	**Octavian wird Kaiser „Augustus“**
14 nach Chr.:	Tod von Augustus
14 – 37:	Tiberius
37 – 41:	Caligula
41 – 54:	Claudius
54 – 68:	Nero
69:	Dreikaiser-Jahr
69 – 79:	Vespasian
24. August 79:	Ausbruch des Vesuv, Untergang von Pompeji
79 – 81:	Titus
80:	Einweihung des Kolosseums
81 – 96:	Domitian
96 – 98:	Nerva
98 – 117:	Trajan
117 – 138:	Hadrian
138 – 161:	Antoninus Pius
161 – 180:	Marc Aurel
180 – 192:	Commodus
193 – 211:	Septimius Severus
211 – 217:	Caracalla
219 – 222:	Eleagabal
222 – 235:	Severus Alexander
235 – 284:	Zeit der Soldatenkaiser
284 – 305:	Diocletian
303:	Höhepunkt der Christenverfolgung
306 – 337:	Constantin der Große
312:	Schlacht vor Rom: „In diesem Zeichen wirst Du siegen!“
330:	Einweihung von Konstantinopel
337 – 361:	Constantius II.
361 – 493:	Politische Wirren – Kaiser und Gegenkaiser
410:	Eroberung Roms durch die Westgoten
455:	Wandalen erobern Rom
493:	Theoderich entmachtet Odoaker. – Ende des Römischen Reiches

Inhaltsverzeichnis

Wenn sich junge, trotzige Männer gegen die Autorität der Alten auflehnen, um irgendwo in der Wildnis ihre eigene Gemeinschaft zu gründen, dann hat dieses Unternehmen keine Zukunft, wenn es an Frauen fehlt. Genau dies war die Situation, als um etwa 750 vor Christus eine Schar abenteuerlustiger Burschen aus dem Gebiet der Albaner Berge, wahrscheinlich von der Gegend des heutigen Castel Gandolfo kommend, einige Kilometer entfernt die neue Stadt Rom gründeten. Vielleicht waren es Tunichtgute auf der Flucht vor strengen Richtern, vielleicht auch landhungrige Bauern auf der Suche nach einer neuen Scholle. Vielleicht aber hatte sie auch der Stadtrat von Alba Longa als Kundschafter geschickt, um die Grenzen nach Toskanien zu überwachen. An dessen Küste war um jene Zeit gerade ein neues, rätselhaftes Volk, die Etrusker, gelandet, von denen niemand wusste, woher sie kamen und was sie im Schilde führten. Und vielleicht befanden sich unter diesen jungen Wilden wirklich zwei Brüder, die Romulus und Remus hießen. Wie dem auch sei, sollte diese Siedlung Bestand haben, mussten jedenfalls Kinder geboren werden. Und dazu brauchte es Frauen in der Stadt.

Die Lust lockt

Wir wissen nicht, wie es damals wirklich war.
Aber etwa so könnte es gewesen sein:

Ein Römer namens Claudius freut sich: „Endlich ist Schluss mit dieser ewigen Bevormundung. Hier gibt es keinen Patron, der uns ständig gängelt. Keine Hausherrin, der wir es nie recht machen können. Endlich sind wir unsere eigenen Herren, wir säen und ernten, wir gehen auf die Jagd, wir fischen ganz wie wir wollen. Herrlich ist das!“ Einer seiner Kumpel, er heißt Marcellus, kann ihm da nicht ganz zustimmen: „Na ja, ganz so herrlich ist es doch

eigentlich nicht. Wir leben in dieser Wildnis zwar wie Herren und dürfen uns Römer nennen. Und wenn uns danach ist, liegen wir so lange auf unserer Pritsche wie wir mögen. Aber findest Du nicht, Claudius, dass uns etwas Entscheidendes fehlt?"
Claudius stellt sich erst mal dumm: „Du sprichst vom Wein, edler Marcellus? Den liefern uns doch die Etrusker, diese merkwürdigen Fremdlinge. Mit reinem Quellwasser verdünnt, ein herrlicher Trunk. Erfrischt den Körper und beflügelt die Seele. Alles was recht ist, eines muss man diesen Etruskern, deren Hochmut die Götter strafen sollen, lassen: vom Weinkeltern verstehen sie etwas!"
Marcellus, etwas ungehalten, erwidert: „Ach Claudius, wer redet denn vom Wein, dessen flüchtiger Rausch am Tag danach mit der Mattigkeit des Körpers bestraft wird. Ein schneller Genuss, kaum der Rede wert. Ich rede von den Wonnen der fleischlichen Lust, von der Zärtlichkeit einer weiblichen Hand, von einem süßen Lächeln, das mich nach dem Erwachen am frühen Morgen verzaubert. Und ich rede auch von Kindern. Wie soll Rom Bestand haben, wofür sollen wir kämpfen, wenn wir nicht wissen wofür?"
Claudius stimmt ihm zu: „Bei den Göttern, es ist wahr, was Du sagst, Marcellus. Wofür sollen wir uns auf dem Feld abplagen, warum sollen wir auf dem Schlachtfeld unser Leben riskieren, wenn wir nichts, was wir geschaffen haben, an die nächste Generation weiter geben können. Unser Dasein wäre sinnlos."
Marcellus: „Klug gesprochen, edler Claudius. Lass uns zu Romulus eilen und unser Anliegen vorbringen!"

Der Raub der Sabinerinnen

Es waren, um den Unmut der Männer in Rom zu zügeln, dringend Frauen nötig. Romulus, wenn er denn der Anführer dieser wilden Auswanderer-Schar war, kam auf die grandiose Idee, ein großes Fest zu veranstalten und dazu das Nachbarvolk der Sabiner mit seinem König Titus Tatius und vor allem aber seine Töchter einzuladen. Die Einladung wurde dankend angenommen. Doch während sich die Gäste den Wettspielen widmeten und sich an ihren Siegen berauschten, raubten die weniger sportlichen Gastgeber die Töchter der Gäste und trieben anschließend die Sabiner zu den Stadttoren hinaus. Welch eine Ungeheuerlichkeit! Aber so ungeschlacht waren die Römer.

In Sachen Menschenraub waren die Menschen schon damals sehr empfindlich. Schließlich hatte vor nicht allzu langer Zeit ein spektakulärer Frauenraub einen zehnjährigen Krieg entfesselt und zur Zerstörung der blühenden Stadt Troja geführt. Die dreisten Römer hingegen, diese plumpen Bauernburschen, hatten nicht nur eine einzelne Dame geraubt, sondern gleich mehrere Dutzend in Beschlag genommen.

Verständlich, dass sich am nächsten Morgen die Väter und Brüder der Damen vor den Toren der Stadt einfanden, um die Schmach zu rächen. Die Römer, die natürlich wussten, dass ihnen die Nachbarn diesen bösen Bubenstreich nicht so einfach durchgehen lassen würden, hatten sich in Erwartung eines Angriffs in ihrer Stadt auf einem Hügel, dem Kapitol, verschanzt. Allerdings hatten sie die Unvorsichtigkeit begangen, einer der frisch eroberten Damen den Schlüssel zur improvisierten Festung anzuvertrauen. Und dummerweise war diese offensichtlich nicht sehr von dem ihr aufgezwungenen Ehemann begeistert. Sogar der Name der Unzufriedenen ist uns überliefert: Tarpeja.

Jedenfalls schloss sie das Tor zur Stadt auf und ließ die Belagerer hinein. Die Väter und Brüder aber benahmen sich sehr eigenwillig. Entweder waren sie über diesen Verrat entrüstet oder sie wollten ihre Schwestern und Töchter gar nicht zurück an den heimischen Herd holen. Auf jeden Fall erstikkten sie Tarpeja unter ihren Schilden und feierten mit den Römern lieber einen üppigen Hochzeitsschmaus, als sich gegenseitig die Schädel einzuschlagen. Zumal die geraubten Sabinerinnen erklärten, sie hätten keine Lust, so rasch Witwen zu werden, sollten ihre Väter und Brüder siegreich aus dem Kampf hervor gehen. Die Römer gaben im Übrigen dem Felsen, von dem Vaterlandsverräter später zu Tode gestürzt wurden, den Namen jener Frau, die sie fast vernichtet hätte: Tarpeja.

Da bereits von Romulus die Rede war, muss auch noch ein Wort über seinen Zwillingsbruder Remus verloren werden. Die Zwillinge sollen der Legende nach vom Kriegsgott Mars gezeugt worden sein, der eines Tages, als er sich zufällig einmal vom Kriege machen ausruhte, die schlafende Priesterin Rhea Silvia begattete. Die soll die Kleinen auf ein winziges Floß ausgesetzt und das Leben ihrer Kinder den Wellen des Tibers anvertraut haben.

Doch statt ins Meer trieb das Floß ans Ufer, und das klägliche Weinen der Zwillinge soll eine Wölfin herbei gelockt haben, die die beiden Kleinen fortan säugte und so am Leben erhielt. Böse Zungen behaupten zwar, dass es sich bei der Wölfin um die Bäuerin Acca Larentia gehandelt habe, die wegen ihres losen Lebenswandels „Die Wölfin“ genannt wurde. Aber die animalische Version wurde Staatslegende, und sie klingt ja auch viel aufregender. Jedenfalls wuchsen die Zwillinge zu kräftigen Burschen heran und wurden Romulus und Remus genannt. Sie waren es, die an der Stelle, an der ihr Floß gelandet war, mit Kumpeln aus Alba Longa die Stadt Rom gründeten.

Romulus und Remus spannten einen weißen Stier und eine weiße Stute vor den Pflug und zogen eine tiefe Furche um ihr Land, richteten eine Mauer auf und schworen, jeden zu töten, der es wagen sollte, sie zu zerstören. Remus, der Pessimist von den beiden, behauptete, die Mauer tauge nichts und stieß mit dem Fuß ein paar Steine heraus. Darauf erschlug ihn Romulus, so wie er es geschworen hatte.

Dies soll am 21. April 753 vor unserer Zeitrechnung geschehen sein. Deshalb wird seitdem am Tag des Brudermordes auch heute noch der Geburtstag der Stadt Rom gefeiert. In wenigen Jahrhunderten wurde das bescheidene Fleckchen Erde, das Romulus und Remus mit dem Stier und der weißen Stute umgepflügt hatten, zum Zentrum von Latium, zum Zentrum von Italien und später sogar zum Zentrum der ganzen damals bekannten Welt.

Die geheimnisvollen Etrusker

Ganz anders als die heutigen Römer, für die das Leben nur ein immerwährendes Spiel zu sein scheint, nahmen die Römer damals das Leben bitter ernst. Sie hatten auch allen Grund dazu. Wenn sie es sich in den Kopf gesetzt hatten, einen Feind zu vernichten, begnügten sie sich nicht damit, ihm den Krieg zu erklären und dann irgendwann einmal eine Schlacht zu schlagen. Sie waren auf totale Zerstörung aus, ließen keinen Stein auf dem anderen, wenn es ihnen einmal gelungen war, in seine Städte einzudringen.

Besonders unversöhnlich zeigten sich die Römer gegen die Etrusker, jenes Volkes, das ganz Umbrien und Toskanien besetzt hatte, technisch sehr viel höher entwickelt war und unaufhaltsam gegen den Süden drängte. Es wurde ein langer, unbarmherziger Krieg, und von den Unterlegenen blieben nur wenige am Leben, um den Untergang ihres Volkes zu beweinen. Selten verschwand eine Nation, vielleicht mit Ausnahme der Karthager, so endgültig von der Weltbühne wie die etruskische, und selten auch haben Sieger die letzten Spuren ihrer Gegner so restlos vertilgt, wie die Römer.

Niemand kann mit Sicherheit sagen, woher die Etrusker stammen. Manches in ihren Gesichtszügen erinnert an Völkerstämme in Kleinasien. Sicher ist, dass sie als erste Bewohner Italiens eine Flotte besaßen. Nicht umsonst ist das Meer an der toskanischen Küste nach ihnen benannt.

Auf jeden Fall war die Kultur der Etrusker der der Römer überlegen. Sie kannten bereits eine frühe Form der Zahnchirurgie, sie verarbeiteten Eisen zu Stahl, sie gebrauchten auch schon Kupfer, Zinn und Bernstein. Ihre Städte Tarquinii, Arretium, Perusia und Veji waren viel moderner und schöner als die primitiven Dörfer der Latiner, Sabiner und anderer Völkerstämme der Halbinsel. Sie besaßen bereits Verteidigungsanlagen, richtige Straßen und – ganz wichtig – Kloaken. Sie waren also hervorragend organisiert, während die anderen Stämme rund herum alles eher dem Zufall überließen.

Vor allem aber zeichnete die Etrusker ein ausgeprägter Handelssinn aus, der sie jedes Opfer bringen und jeder Gefahr trotzen ließ. Zu einer Zeit, als die Römer nicht wussten, was hinter dem nächsten Hügel vor sich ging, waren die Etrusker schon bis nach Piemont und in die Lombardei vorgestoßen, hatten die Alpen überschritten, waren die Rhône und den Rhein aufwärts gewandert, um ihre Waren nach Gallien, der Schweiz und nach Germanien zu bringen. Während in Rom noch Schafe als Zahlungsmittel galten, kannten die Etrusker bereits Münzen.

Sie scheinen ein fröhliches Völkchen gewesen zu sein, die Etrusker. Vielleicht verloren sie deshalb später den Krieg gegen die melancholischen Römer, deren Leben nur aus strenger Pflichterfüllung zu bestehen schien. Auf den Vasen, die die Römer vergaßen zu zerstören, sehen wir gut gekleidete Männer, von jenen Togen umhüllt, die die Römer später zu ihrem Nationalgewand erkoren. Sie trugen langes, gepflegtes Kopf- und Barthaar und schönen Schmuck an den Handgelenken, am Hals und an den Fingern. Sie kannten Tanz und trieben Sport. Die Männer spielten Polo und liebten den Stierkampf.

Die Frauen spielten bei den Etruskern gesellschaftlich eine wichtige Rolle. Wir sehen sie mit Gold und Edelsteinen geschmückt und geschminkt auf breiten Ruhebetten neben ihren Gebietern liegen und lächelnd den Spielen zusehen oder selber die Flöte blasen oder tanzen. Die Römer waren zu jener Zeit große Moralisten und gaben allen Frauen mit etwas freierem Lebenswandel den Namen „Toskanerinnen“, also Etruskerinnen.

Die Religion verkörperte sich bei den Etruskern in einem Gott, der den Namen Tinia trug und seine Macht mit Blitz und Donner ausübte. Er regierte die Menschen nicht unmittelbar, sondern vertraute seine Befehle einer Art ausführendem Gremium von zwölf großen Göttern an, die so erhaben waren, dass es Frevel bedeutete, auch nur ihren Namen auszusprechen.

Alle Götter zusammen bildeten das große Gericht des Jenseits, wohin die „Genien“, die Seelen der Verstorbenen wanderten, sobald diese ihre leibliche Hülle verlassen hatten. Dann begann ein richtiger Prozess. Wer nicht beweisen konnte, dass er immer nach dem Willen der Götter gelebt hatte, wurde in die Hölle geschickt. Es sei denn, Verwandten und Freunden gelang es, durch Gebete und Opfer die Götter gnädig zu stimmen. In diesem Falle kam der Verblichene ins Paradies, wo er sich allen weltlichen Freuden, die sich von denen unserer Tage nicht wesentlich unterscheiden, hingeben konnte.

Die Etrusker hatten deshalb auch keinerlei Skrupel, Menschenopfer für die Rettung ihrer Seelen zu bringen. Es bot sich geradezu an, Kriegsgefangene dafür zu benutzen. Einmal wurden 300 in der Schlacht gefangene Römer gesteinigt, um aus ihren noch dampfenden Lebern die Zukunft abzulesen. Stiere und Schafe wurden ebenfalls geopfert, um das Schicksal zu deuten. Auch das ein Brauch, der später von den Römern übernommen wurde.

Es war ein mächtiges und intelligentes Volk also, das den Römern da gegenüber stand. Aber den zerstreuten etruskischen Städten gelang es niemals, sich zu vereinigen, und keine von ihnen war stark genug, die anderen in ihre Gewalt zu bringen. Die zwölf kleinen Staaten ließen sich einzeln schlagen, statt vereint gegen den gemeinsamen römischen Feind zu ziehen.

Der heilige Numa Pompilius

Doch bleiben wir in der Chronologie der Ereignisse. Der Nachfolger von Romulus und zweiter König von Rom wurde Numa Pompilius, den uns die Legende halb als Heiligen, halb als Philosophen überliefert hat. Er vollbrachte eine politische Großtat, als er für die vielen, von den verschiedenen Völkern nach Rom gebrachten Götter eine Rangordnung einführte, die später seinen Nachfolgern Tullus Hostilius und Ancus Marcius erlaubte, ein geeintes Volk gegen die rivalisierenden übrigen Städte zu führen.

Wahrscheinlich war Numa Pompilius eher Hohepriester als König, denn die Macht lag schon damals in der Hand des Volkes. Rom war in drei Stämme aufgeteilt: die der Latiner, der Sabiner und – nach gelungener Unterwerfung – der Etrusker. Jeder Stamm wiederum gliederte sich in zehn Kurien oder Quartiere, und jedes dieser Quartiere in zehn Gentes oder Geschlechter. Die Kurien tagten zweimal im Jahr in den Kuriatkomiteen, und ihrer Volksversammlung oblag es, einen neuen König zu wählen, wenn der alte gestorben war. Jeder hatte gleiches Wahlrecht und die Mehrheit entschied. Der König war lediglich der Ausführende.

Solange Rom ein kleines Dorf war, funktionierte diese Demokratie ohne Klassenunterschiede ideal. Doch die Menschen vermehrten sich, die Bedürfnisse stiegen. Bald hatte der König, dem außer den religiösen Funktionen, den Opfern und Gottesdiensten auch die Rechtssprechung oblag, keine Zeit mehr für alle diese Pflichten und begann, die ersten Beamten zu ernennen. Das war die Geburtsstunde der Bürokratie, eine Disziplin, in der die Römer noch Großes vollbringen sollten. Und als sich weitere Hilfskräfte um die Straßen, die Volkszählung, die Grundsteuern, die Hygiene kümmerten, entstand bald das erste Ministerium: Der Senat, ein Rat der Alten. Er bestand aus ungefähr 100 Bürgern, die zu Anfang nur die Aufgabe hatten, den König zu beraten, in der Folgezeit aber immer einflussreicher wurden.

Irgendwann bildete sich auch ein stehendes Heer, das ebenfalls nach den 30 Kurien eingeteilt wurde, von denen jede eine Centuria oder Hundertschaft und eine Decuria, zehn Reiter mit Pferden, zu stellen hatte. Diese 30 Hundertschaften und 30 Decurien bildeten zusammen eine Legion, das erste und einzige Armeekorps des alten Rom. Der König hatte als oberster Befehlshaber die Macht über Leben und

Tod seiner Soldaten, aber auch diese militärische Macht übte er nicht absolut und unkontrolliert aus. Wohl leitete er die Feldzüge, aber nicht ohne vorher den Soldatenrat anzuhören, dem er auch die Liste der zu ernennenden Offiziere, damals Prätoren genannt, vorlegte. Die alten Römer, bauernschlau, hatten alle Vorkehrungen getroffen, damit sich ihr König nicht eines Tages in einen Tyrannen verwandeln konnte. Er war und blieb Delegierter des Volkes.

Auf den weisen Numa folgte Tullus Hostilius, der ein sehr viel lebhafteres Temperament besaß. Ihm lagen die Politik, das Abenteuer und die Begierde im Blut. Nach 40 Friedensjahren gelüstete es ihn nach Sieg und Beute. Unter einem Vorwand überfiel er die Stadt Alba Longa, aus der der Legende nach ihre eigenen Vorfahren stammten, und zerstörte sie.

Dieser erfolgreiche Eroberungsfeldzug muss Lust auf mehr gemacht haben. Zuerst unter Tullus Hostilius und später unter Ancus Marcius fingen die Römer denn auch wirklich mit allen Nachbarn Streit an. Und zu der Zeit, als Tarquinius Priscus als fünfter König den Thron bestieg, war Rom schon zum Feind Nr. 1 des ganzen Gebietes von Mittel-Italien geworden, das sich vom heutigen Civitavecchia im Norden bis Rieti im Osten und Frosinone im Süden ausdehnte.

Die primitive Frühzeit

Bis zum vierten König waren in Rom die Bauern in der Mehrzahl, und die Wirtschaft war überwiegend agrarisch. 3.300 Soldaten zählte damals das stehende Heer. Auf Grund dieser Zahl geht man davon aus, dass die Bevölkerung damals ungefähr 30.000 Menschen umfasste. Die Mehrzahl von ihnen lebte auf dem Land, knapp die Hälfte in der Stadt.

Die Römer hausten damals vornehmlich in Lehmhütten, die willkürlich und zerstreut errichtet waren, nur eine Eingangspforte hatten, aber noch keine Fenster. In dem einzigen großen Raum der Hütte lebten alle Bewohner zusammen, aßen, kochten und schliefen, Seite an Seite mit Hühnern, Eseln, Kühen und Schweinen.

Am Morgen stiegen die Männer dann ins Tal, um die Felder zu bestellen – auch die Senatoren. Hygiene und Pflege der eigenen Person waren, auch bei den Frauen, auf ein Minimum beschränkt. Es gab keine Schönheitsmittel, keine Eitelkeit – und wenig Wasser, das man schließlich erst mühselig vom Tal herauf schleppen musste. Aborte und Kloaken waren unbekannt, Bärte und Haare wuchsen ungepflegt, und was die Kleidung angeht, so darf man sich nicht an die Denkmäler halten, die aus sehr viel späterer Zeit stammen. Die Römer trugen, bevor sie die Toga bei den Etruskern schätzen lernten, eine Art ärmelloses Hemd mit einem Loch, durch das der Kopf gesteckt wurde.

Leibliche Genüsse waren in der römischen Frühzeit so gut wie unbekannt. Die Römer haben damals bewiesen, dass man die ganze Welt erobern kann, auch wenn man sich mit ein paar Löffeln in Wasser gekochten Mehls, ein paar Oliven, etwas Ziegenkäse und an den Feiertagen mit einem Glas Wein begnügt, der ohnehin meistens mit Wasser verdünnt wurde. Auch der König lebte nicht viel anders. Erst zur Zeit der Tarquinier-Dynastie bekam er eine Art besonderer Wohnung, einen Helm und die königlichen Abzeichen. Bis zu Ancus Marcius war er ein Gleicher unter Gleicher gewesen, der wie alle anderen auch sein Feld gepflügt, gesät und geerntet hatte. Er mischte sich ohne Wachen unters Volk, denn sonst wäre er in den Verdacht geraten, seine Untertanen mit Gewalt statt mit ihrer freien Zustimmung zu regieren.

Die Kriege führten die Römer damals noch ohne besondere militärische Organisation. Der Prätor, der seine Cenuia oder Decuria kommandierte, trug keine besonderen Abzeichen. Als Waffen hatten die Soldaten Steine, Stöcke oder ganz primitive Schwerter. Die ersten Kriege, die Rom unter seinen abenteuerlustigen Königen führte, ähnelten vermutlich eher großen Prügeleien ohne Taktik und Strategie. Die besiegten Feinde wurden von den Römern als persönliches Eigentum betrachtete. War man schlechter Laune, so brachte man sie auch mal ohne viel Federlesens einfach um. Im positiven Fall nahmen die Römer die besiegten Feinde als Sklaven mit nach Hause und verfügten unbeschränkt über sie. Die eroberten Landstriche wurden vom Staat beschlagnahmt und an die Untertanen verpachtet, die eroberten Städte meist zerstört.

150 Jahre nach der Gründung Roms lebte ein gewisser Lucius Tarquinius in der Stadt. Ein Edelmann, der sich beträchtlich von den Artgenossen unterschied, die die Römer bisher zu ihren Königen oder Senatoren gewählt hatten. Er stammte aus Tarquinii und war der Sohn eines aus Korinth eingewanderten Griechen namens Demarao und einer Etruskerin. Er war ehrgeizig, aufgeweckt und vorurteilslos. Er war reich, elegant, verschwenderisch und der einzige in der Stadt, der etwas von Mathematik, Philosophie und Geographie verstand. Die Politik hatte er im Blut, und was Diplomatie und Intrigen anging, stand er turmhoch über seinen schlichter gestrickten Mitbürgern. „Er war der erste“, schrieb später Titus Livius über ihn, „der Ränke schmiedete, um König zu werden, und Reden hielt, um sich die Unterstützung der Plebs zu sichern.“

Der „Plebs“ ist ein neues Element in der römischen Geschichte. Die vier ersten römischen Könige hatten es nicht nötig gehabt, um die Gunst des niederen Volkes zu werben.

In den Volkskomiteen – den Kuriatkomiteen – die den König zu wählen hatten, bestanden keine Klassenunterschiede. Alle waren Bürger, alle besaßen mehr oder weniger Land, und alle hatten das gleiche Wahlrecht.

Nach dem Tode des Ancus Macius hatte sich aber die Lage von Grund auf geändert. Die Bedürfnisse des Krieges hatten eine Industrie entwickelt und das etruskische Element der Waffenschmiede, Tischler und Kaufleute gefördert. Aus Tarquinii, aus Arretium, aus Veji waren neue Handwerker nach Rom eingewandert, und die Werkstätten hatten sich mit Gesellen gefüllt. Höhere Löhne hatten ländliche Arbeitskräfte in die Stadt gezogen, und mancher Soldat blieb lieber in Rom, als nach beendetem Feldzug auf seinen heimatlichen Acker zurückzukehren. Aber vor allem hatten die siegreichen Kriege eine große Zahl von Sklaven in die Hauptstadt gespült. Und diese zusammen gewürfelten Menschen machten das „Plenum“ aus, von dem später das Wort „Plebs“ abgeleitet wurde.

Lucius Tarquinius und seine etruskischen Freunde begriffen bald, dass sich aus dieser – von den Bürgerversammlungen ausgeschlossenen – Bevölkerungsschicht Nutzen ziehen ließ. Es musste nur gelingen, diese Unterschicht davon zu überzeugen, dass nur ein etruskischer, also fremder König ihre Rechte schützen würde. Hinter Lucius standen jene Leute, die wir heute Unternehmer oder Industrielle nennen würden. Leute mit Geld, die sich Wahlpropaganda etwas kosten ließen, um sich eine Regierung zu sichern, die ihre Interessen vertreten würde.

Diesen Leuten gelang es jedenfalls, Lucius Tarquinius auf den Thron zu hieven, der unter dem Namen Tarquinius Priscus 38 Jahre lang regierte. Lucius Tarquinius war ein autoritärer, demagogischer und kriegerischer Herrscher. Er erbaute sich einen Palast im etruskischen Stil, der um vieles prächtiger war als der bisherige, einfache römische Königssitz. Er thronte dort mit dem Zepter in der Hand und einem gefederten Helm auf dem Haupt, von einer Leibgarde umgeben. So wollte er bei seinen Untertanen Eindruck schinden.

Der große Sprung nach vorn

Rom machte, objektiv betrachtet, unter der Herrschaft von Lucius Tarquinius einen gewaltigen Schritt vorwärts. Die ersten Abwasserkanäle wurden erbaut, wahrscheinlich auch das Forum und der Circus Maximus, endlich auch richtige Häuser mit Fenstern und einem Atrium. Der König hatte zeitlebens gegen den Senat zu kämpfen, der nicht gewillt war, auf sein Kontrollrecht zu verzichten. Da das immer mühsamer wurde, beschloss der Senat, den Tarquinier durch Mord zu beseitigen. Und so geschah es.

Doch die Patrizier begingen dabei den unverzeihlichen Fehler, die Frau von Lucius und seinen kleinen Sohn am Leben zu lassen. Tanaquilla, die Königin, war Etruskerin und hatte mit ihrem Mann nicht nur das Ehebett, sondern auch die Arbeit und die Regierungsgeschäfte geteilt. Sie interessierte sich für Außenpolitik, für die Finanzen und wusste mehr als mancher der Senatoren, unter denen es noch Analphabeten gab. Nach der Beisetzung ihres Gemahls bestieg sie umgehend den Thron und regierte im Namen ihres Sohnes Servius Tullius, der als erster und letzter römischer König die Krone erbte, ohne gewählt worden zu sein.

Als erste Amtshandlung gab Servius den Söhnen freigelassener Sklaven das Bürgerrecht und schaffte die alte Einteilung nach Kurien ab. An ihrer Stelle führte er fünf Klassen ein, in die die gesamte Bevölkerung, Patrizier wie Plebejer, nach ihrem Vermögen oder Grundbesitz eingestuft wurde. Entsprechend wurden dann die Steuern festgesetzt und der Kriegsdienst geregelt.

Von jetzt an kamen also wirtschaftliche Verhältnisse auch politisch zum Tragen. Die erste Klasse etwa verfügte über 98 Stimmen von insgesamt 193, während der letzten Klasse dagegen nur eine einzige Stimme zugestanden wurde. Die 98 Stimmen der ersten Klasse, der Reichen, reichten also allemal, um eine Mehrheit zu erlangen. Rom war so gesehen ab sofort ein kapitalistisches Regime, das das Monopol der Macht aus den Händen der Landbesitzer in die der Großindustriellen verlegte und dabei die Befugnisse des Senats, der sich aus weniger vermögenden Leuten zusammensetzte, beträchtlich beschnitt.

Was konnten die Senatoren dagegen unternehmen? Servius hatte ohne ihre Billigung den Thron bestiegen und stützte sich auf die Reichen, denen er die Macht brachte, und auf die Plebejer, denen er Arbeit, Brot und Bürgerrechte verschafft hatte. Um den König zu stürzen, gewannen die Senatoren den Neffen des neuen Königs, Tarquinius, denn der hatte als enger Verwandter freien Zutritt zur Königsburg. Doch kaum hatte der junge Mann seinen Onkel erdolcht, nahm der junge Mörder, ohne um Erlaubnis zu fragen, selbst den Thron in Besitz. Da blieb den Senatoren der Erleichterungsseufzer arg im Halse stecken.

Die ganze Mordaktion der Demokraten erwies sich als besonders glorioser Fehlschlag, denn der junge König war bei weitem tyrannischer und gewalttätiger als sein Vorgänger. Er verbrachte fast seine ganze Regierungszeit auf Kriegszügen. Unter ihm eroberten die Römer nicht nur ganz Sabinien, sondern auch die südlich von Rom gelegenen Kolonien. Ein Komplott zwang ihn schließlich, in den Norden nach Etrurien, in die Heimat seiner Vorfahren zu fliehen. Und in Rom konnte endlich die Republik ausgerufen werden. Man schrieb das Jahr 508 vor unserer Zeitrechnung, und seit der Gründung der Stadt waren 245 Jahre vergangen.

Die Konsuln, die neuen Herrscher

Wir wissen nicht, wie es damals wirklich war.
Aber etwa so könnte es gewesen sein:

Wie fast alle Völker, die ihre Regierung wechseln, begrüßten auch die Römer die neue Republik mit Begeisterung. Natürlich waren sie überzeugt davon, dass sich jetzt alle ihre Hoffnungen auf Freiheit und soziales Recht erfüllen würden.
Tullius, ein typisch römischer Bürger, freut sich: „Endlich ist er gestürzt, der elende Tyrann. Dieser verfluchte Meuchelmörder, der sich zu unser aller Herrscher gegen jedes Recht der Natur aufgeschwungen hat."
Agrippina gibt zu bedenken: „Ihr habt ihn vertrieben, das ist wohl wahr. Aber der König hatte noch genügend Zeit, sein kostbares Geschmeide und seine herrlichen Gewänder mitzunehmen."
Tullius dagegen: „Endlich werden wir ein freies Volk sein, nur den Göttern untertan. So wie es unsere Ahnen bestimmten, als sie Rom gründeten."
Julia, eine andere römische Bürgerin warnt: „Und er wird sich mit seinen Landsleuten, diesen verfluchten Etruskern, verbünden, uns alle erschlagen, unsere Hütten verbrennen und unsere Kinder in die Sklaverei führen."
Tullius entgegnet mutig: „Wir sind Römer. Wir fürchten außer den Göttern nichts auf der Welt. Niemand darf uns ungestraft drohen, niemand darf uns beherrschen. Wir

werden um unsere Freiheit kämpfen, bis auf den letzten Blutstropfen.“
Julia darauf: „Und uns werden die Etrusker Gewalt antun und uns in die Sklaverei schleppen.“
Tullius spitz: „Eine Römerin weiß, was sie zu tun hat, wenn ihre Ehre bedroht ist.“
Julia mault müde: „Und ein echter Römer sollte es gar nicht so weit kommen lassen.“

An Stelle des Königs wurden in der Folge zwei gleichberechtigte Konsuln eingesetzt. Als erste Amtsinhaber wurden Lucuis Brutus und Publius Valerius gewählt. Der letztere erwarb sich den Beinamen Publiculus, Freund des Volkes, weil er einige Gesetze bestätigen ließ, die für die gesamte Dauer der Republik grundlegend sein sollten. Sie sahen die Todesstrafe für jeden vor, der sich ohne Zustimmung des Volkes eines öffentlichen Amtes bemächtigen wollte; ferner das Recht jedes zum Tode verurteilten römischen Bürgers, an die Kuriatkomiteen zu appellieren; sowie das Recht, jeden zu töten, notfalls auch ohne Prozess, der versuchen sollte, sich zum König ausrufen zu lassen. Publius führte auch den Brauch ein, dass die Liktorenbündel, die unter Mussolini wieder in Mode gekommenen "Fasci", den Konsuln als Symbol ihrer Macht voran getragen wurden.

Das war alles soweit wunderschön und machte zunächst auch großen Eindruck. Doch als die erste Begeisterung verflogen war, fragten sich die Römer, worin denn nun eigentlich der praktische Vorteil des neuen Systems liege. Zwar hatten jetzt alle Bürger das Wahlrecht, aber in den Komitees blieb man dabei, nach Klassen zu wählen, so dass die Millionäre der ersten Klasse 98 Centurien, also 98 Stimmen hatten, die allein schon ausreichten, den anderen ihren Willen aufzuzwingen.

Einer der ersten Beschlüsse der neuen Republik betraf dann auch den Widerruf der Landverteilung an die Armen, die die Tarquinier in den von ihnen eroberten Ländern vorgenommen hatten. Viele kleine Grundbesitzer sahen sich jetzt ihres Stückchen Landes beraubt und kehrten Arbeit suchend nach Rom zurück. Aber dort gab es wenig Beschäftigung für sie. Die Konsuln wurden nur für die Dauer eines Jahres gewählt und konnten in einer so kurzen Amtszeit nicht die großen öffentlichen Bauten beschließen wie die auf Lebenszeit ernannten Könige. Und so wurde kaum neue Arbeit geschaffen.

Die Stadt befand sich in einer ständigen Krise, und den enteigneten, von außen zuwandernden Bauern ging es schlecht, sehr schlecht. Die Propagandisten des neuen Regimes aber wurden nicht müde, dem Volk die Verbrechen der Könige vor Augen zu führen. Ein Punkt, bei dem die Propagandisten besonders gern verweilten, war der angebliche Versuch der Tarquinier, Rom zu einer Kolonie Etruriens zu erniedrigen.

Aber gerade den Etruskern verdankte Rom seinen Circus Maximus, seine große Kloake, seine Ingenieure und Handwerker, seine Gladiatorenspiele und Volksbelustigungen, seine Mauern und Kanäle und schließlich auch seinen aus Etrurien importierten Götterkult. Die Propagandisten, die gegen den Feind im Norden hetzten, sollten Recht behalten: Schon bald nach der Flucht des Tarquinius erklärten die Etrusker Rom den Krieg. Wir wissen heute nicht genau, wie es der abgesetzte König geschafft hat, die Etrusker zum Feldzug gegen den gefährlichen Nachbarn zu überreden. Aber die Situation, das wird der Exil-König seinen Gastgebern erklärt haben, war so günstig wie nie: Wirtschaftlich lag die Stadt danieder, innere Unruhen schienen sie zu lähmen.

Der Sieg der Etrusker

Rom, so berichtet die Legende, verrichtete in diesem Krieg wahre Wunder an Heldenmut. Mucius Scaevola schlich sich ins feindliche Heerlager, um den gegnerischen General Porsenna zu ermorden, verfehlte aber sein Ziel und verbrannte, um sich zu strafen, seine Hand freiwillig über einem glühenden Kohlenbecken. Horatius Cocles hielt an der Tiberbrücke die feindliche Streitmacht so lange auf, bis seine Waffengefährten die Brücke hinter ihm zerstört hatten. Doch es half alles nichts, der Krieg ging verloren. Die bedingungslose Übergabe Roms an General Porsenna brachte diesem alle etruskischen Gebiete wieder zurück. So blieb denn Rom, das unter seinen Königen die Hauptstadt eines kleinen Imperiums gewesen war, nur noch Herr eines winzigen Territoriums.

Fast ein Jahrhundert brauchte die spätere Weltmacht, um sich von diesem Schlag zu erholen. Aber zunächst wurden zwei Verträge abgeschlossen: Einer mit Karthago, um sich von der Meerseite Ruhe zu verschaffen, und einer mit der lateinischen Liga. Beide setzten weitere Verzichte voraus, doch kostete Rom der Vertrag mit den Karthagern damals nicht viel, da es selbst keine nennenswerte Flotte besaß. Schmerzlicher war der Verzicht auf dem Lande, der vom Konsul Spurius Cassius unterzeichnet werden musste. Rom blieben lediglich 500 Quadratmeilen an Herrschaftsgebiet. Der Foedus, jener berühmte Vertrag aus dem Jahre 493, begann mit den hochtrabenden Worten: „Möge Frieden zwischen den Römern und den lateinischen Städten herrschen, solange Himmel und Erde bestehen...."

Der Krieg forderte noch ein anderes Opfer: Tarquinius, den römischen König im Exil. Er hatte sich schon reisefertig gemacht, um nach Rom zu eilen und seinen Rachegelüsten freien Lauf zu lassen, als General Porsenna ihn einbremste und erklärte, er habe nicht die Absicht, ihn wieder auf den Thron zu setzen. Porsenna misstraute wohl dem verschlagenen Intriganten. Etrurien war damals ein anarchisches Gebilde aus Städten, die voneinander unabhängig bleiben wollten und keine Beschränkung ihrer Autonomie duldeten. Würde Tarquinius wieder König, wäre Rom zwar wieder eine etruskische Stadt, aber Etrurien selbst möglicherweise eine römische Provinz. Das wollte Porsenna, der nicht nur General sondern auch Staatsmann war, auf keinen Fall. Tarquinius hatte ausgespielt. Er starb einsam und verbittert in Cumä.

Unterdessen hatte die innere Verfassung Roms mit dem Gesetz der Zwölf Tafeln einen wichtigen Schritt vorwärts getan. Dieses Gesetz war ein bedeutender Erfolg der Plebejer, die seit jeher die Forderung erhoben hatten, dass die Gesetze nicht mehr ausschließlich in den Händen der Priester verblieben, sondern dass sie öffentlich verkündet würden. Bis dahin waren nämlich die Gesetze, nach denen Recht gesprochen wurde, geheim gewesen und von den Priestern eifersüchtig gehütet worden. Sie wurden sogar mit religiösen Zeremonien vermischt, durch die man den Willen der Götter zu erfahren suchte.

So geschah es mitunter, dass die Götter, wenn sie gerade guter Laune waren, einen Mörder laufen ließen und, wenn sie missgestimmt waren, einen Hühnerdieb zum Tode verurteilten. Und da die Priester, die den Willen der Götter zu erkunden hatten, ausschließlich Patrizier waren, fühlten sich die Plebejer ohne Schutz. Unter dem Druck äußerer Gefahr durch den Ansturm der Volsker, Aequer und Gallier, und unter der Androhung, aus der Stadt auszuwandern, gab der Senat nach langem Zögern nach und schickte drei seiner

Mitglieder nach Griechenland, um die dort bestehenden Gesetze zu studieren.

Nach ihrer Rückkehr wurde eine Kommission von zehn Gesetzgebern gebildet, die so genannten „Zehnmänner". Unter dem Vorsitz von Appius Claudius verfassten sie die Gesetze der Zwölf Tafeln, die zur Quelle des gesamten römischen Rechts wurden, ja in der Folge ganz Europas. Das war im Jahre 461, ungefähr dem 300. Gründungsjahr Roms. Noch war das nicht der endgültige Triumph der Demokratie, die erst ein Jahrhundert später mit dem Licinischen Gesetz der Gleichberechtigung von Plebejern und Patriziern kommen sollte. Aber es war ein großer Schritt vorwärts.

Die vergebenen Mühen des Pyrrhos

Pyrrhos, der König von Epirus, der berühmteste Heerführer seiner Zeit, war eine seltsame Erscheinung. Vielleicht hätte er lange und in Frieden leben können, wenn er sich mit seinem kleinen gebirgigen Reich begnügt hätte. Aber er hatte wahrscheinlich Homer und die Heldentaten des Achilles gelesen und fühlte in seinen Adern das Blut des großen Alexanders fließen. So wurde er zu einer jener Feldherrenfiguren, wie sie später auch das 15. Jahrhundert in Italien hervorbrachte: zum Condottiere, der sich von Abenteuerlust erfüllt in den Dienst fremder Herren stellte.

So nahm Pyrrhos das Angebot der von Rom bedrängten Einwohner von Tarent mit Begeisterung an. Tarent war damals eine große griechische Stadt, die unter der Regierung des Architas, eines der bedeutendsten Staatsmänner des Altertums, große Fortschritte in Industrie, Handel und Kunst gemacht hatte. Über ein schlagkräftiges Heer verfügte die Stadt allerdings nicht.

Pyrrhos, der Abenteuer-König aus Griechenland, schiffte sich mit seinen Soldaten ein und stellte sich bei Herakles den Römern. Zum ersten Mal standen diese einer neuen, ihnen völlig unbekannten Waffe gegenüber: den Kriegselefanten und dem griechisch-mazedonischen Söldnerheer in Phalanxstellung. Pyrrhos siegte nach einem blutigen Kampf, doch das römische Bürgerheer hatte ihm solche Verluste beigebracht, dass man seit jener Zeit von einem Pyrrhussieg zu sprechen pflegt, wenn er vom Sieger zu teuer erkauft wurde. Noch einmal versuchte es der Heerführer im nächsten Jahr, 279, bei Ascolum. Aber auch hier waren seine Verluste so furchtbar, dass er angesichts des von Leichen bedeckten Schlachtfeldes ausgerufen haben soll: „Noch solch ein Sieg, und ich bin verloren!“

Er schickte einen seiner redegewandtesten Gesandten, Cineas, mit 2.000 Gefangenen nach Rom, die, so lautete seine Weisung, zurückkehren mussten, sollten die Friedensverhandlungen scheitern. Wie es heißt, war der römische Senat fast bereit, die Bedingungen anzunehmen, als sich der greise, erblindete Appius Claudius erhob und an die altrömische Sitte erinnerte, im Unglück nicht nachzugeben und nie mit einem Feind zu verhandeln, solange dieser seine Lager auf heimatlichem Boden hatte.

Von diesem Stolz beeindruckt und gerührt durch den Edelsinn eines unerschrockenen Römers, Gajus Fabricius, der ihn vor einem Vergiftungsanschlag seines eigenen Arztes warnte, gab Pyrrhos alle römischen Gefangenen ohne Lösegeld frei und verließ Italien. Der König schiffte sich nach den griechischen Städten Siziliens ein, um deren Angebot anzunehmen, sie von den Karthagern zu befreien. Doch auch hier hatte er kein Glück. Die Griechen, die ihn gerufen hatten, verweigerten ihm die versprochenen Hilfstruppen. Entmutigt kehrte er nach Tarent zurück, das inzwischen von römischen Legionen angegriffen worden war. Diesmal erschraken die römischen Legionen nicht mehr vor den Elefanten, und Pyrrhos wurde von ihnen im Jahre 275 bei Malevento endgültig geschlagen. Enttäuscht verließ der alte Haudegen die italienische Halbinsel und starb kurze Zeit später bei einem lächerlichen Straßenkampf in Argos.

Genau 70 Jahre waren vergangen, seit Rom sich nach Überwindung der inneren Krisen durch den Sturz der Monarchie auf Eroberungskriege verlegt hatte. Rom war jetzt der Herr der Halbinsel vom toskanischen Apennin bis zur Meerenge von Sizilien. Die feindlichen Ländereien wurden an arme römische Bürger verteilt, deren Auswahl man nach dem Gesichtspunkt der Kriegstauglichkeit traf. Meist handelte es sich um erprobte Veteranen, von denen man wusste, dass sie Rom gut verteidigen würden. Zudem führte Rom in der Ruhezeit nach dem Sieg über Pyrrhos eine Reihe großer innenpolitischer und verwaltungstechnischer Verbesserungen durch, die viel dazu beitrugen, aus den besetzten Gebieten einen einheitlichen Staat zu bilden.

Die von Appius Claudius von Rom nach Capua gebaute und nach ihm benannte Via Appia zum Beispiel ist ein Wunderwerk des Straßenbaus für die damalige Zeit, später wurde sie bis Brundisium und Tarent verlängert. Über sie reisten nicht nur Soldaten, sondern auch die Bauern, die die eroberten Gebiete kolonisierten und ein Heer von Verwaltungsbeamten, die römisches Recht und römische Staatsordnung in die besetzten Gebiete brachten.

An der Spitze seiner Bürokratie standen die Prätoren und Justizbeamten, die nach römischer Sitte Recht sprachen. Als nächste in der Rangfolge kamen die Ädilen, denen die Markt- und Straßenpolizei sowie die Aufsicht über die öffentlichen Spiele oblag. Zwei Censoren schätzten das Vermögen der Bürger ab, verpachteten die Staatsländereien und zogen die Steuern der unterworfenen Völker ein. Sie sorgten auch für Sitte und Moral. Quästoren verwalteten die Staats- und Kriegskasse, überwachten die Ausgaben für die Staatsbauten, den Gottesdienst und die Besoldung der niederen Beamten.

Die Beamten wurden jedes Mal auf ein Jahr, die Censoren für fünf Jahre gewählt. Wer sich dem Staatsdienst widmete, bekleidete zuerst die Quästur, dann die Ädilität, schließlich die Prätur und zum Schluss das Konsulat. Auch die Plebejer wurden dem Gesetz nach nicht mehr von den Staatsämtern ausgeschlossen. Da das Amt eines Prätoren für den, der es ausübte, die Zugehörigkeit zum Senat mit sich brachte, war ihnen zumindest theoretisch auch der Weg zu der letzten Bastei der Patrizier geöffnet. Eine außergewöhnliche Würde wurde nur dem Diktator zuerkannt, der in gefahrvoller Lage auf höchstens sechs Monate gewählt werden konnte und während dieser Zeit die unumschränkte höchste militärische und bürgerliche Gewalt in seiner Person vereinte. Mit diesem bis ins kleinste geordneten Staatswesen ging Rom an die Eroberung der damals bekannten Welt.

In Konkurrenz zu den Karthagern

Das Reich der Karthager war von den Phöniziern gegründet worden, einem Volk semitischer Rasse mit einer Sprache, die dem jüdischen ähnelt. Die Karthager waren große Kaufleute und Seefahrer, die mit ihren Schiffen überall in der damals bekannten Welt umherfuhren und mit jedem, der dazu bereit war, Handel trieben. Sie waren die ersten Seefahrer, die die Meerenge von Gibraltar durchsegelten und längs der afrikanischen Küste im Atlantischen Ozean kreuzten und bis ins heutige Portugal vorstießen. Sie legten an fremden Küsten Warenlager und Plätze für Schiffsreparaturen an. So entstanden die Städte Leptis Magna im heutigen Libyen, Utica und Biserta in Tunesien und Bona.

Die Karthager verstanden auch viel von der Landwirtschaft. Die Römer staunten über deren fachmännischen Anbau von Wein, Oliven und Obst. Ein großer Teil der Landesprodukte wurde auf Schiffe verfrachtet, um nach Spanien oder Griechenland exportiert zu werden. In Karthago ausgerüstete Karawanen durchquerten die Wüste Sahara, entdeckten Gold und Elfenbein und brachten es in ihre Heimat. Karthago besaß bereits Geldscheine in Form von Lederstreifen, als Rom noch seine ersten primitiven Metallmünzen prägte.

Karthagisches Geld war im Mittelmeer-Raum die Leitwährung, wie sie es heute der Dollar in der Welt ist. Sein Nennwert war durch Gold garantiert, das sich in Karthagos Staatskasse bis zur Decke stapelte. Die 200.000 bis 300.000 Einwohner von Karthago wohnten nicht in Hütten wie die Römer, sondern, sofern sie zur ärmeren Bevölkerung gehörten, in „Wolkenkratzern“ von bis zu zwölf Stock Höhe. Die Reichen lebten in von Gärten und Teichen umgebenen Palästen.

Zahllos waren die Tempel und öffentlichen Bäder, der Hafen besaß 220 Molen und war mit 440 marmornen Säulen geschmückt. Mit Türmen gespickte Bastionen umgaben die Stadt – ein schier unüberwindbares Verteidigungsbauwerk, das bis zu 20.000 Soldaten in voller Ausrüstung, 4.000 Pferde und 300 Elefanten fassen konnte.

Die Reichen kleideten sich in elegante, purpurgesäumte Gewänder und trugen einen Ring in der Nase. Die Frauen gingen verschleiert und lebten meist innerhalb des Hauses. Doch es stand ihnen auch die geistliche Laufbahn offen, in der sie es zu hohen Würden bringen konnten. Die Prostitution war angesehen und ein üppig blühendes Gewerbe. Die Karthager feierten gern und oft, galten als große Esser und Trinker.

Ihren Göttern brachten die Karthager in Zeiten der Not Opfer, meist Ziegen und Kühe. Dem wichtigsten Gott Baal-Haman aber wurden sogar Kinder dargebracht, die man in die Arme der bronzenen Statue legte und von dort in das darunter angezündete Feuer rollen ließ. Bis zu 300 wurden da an einem Tage unter dem ohrenbetäubenden Lärm von Trompeten und Trommeln, die ihre Schreie übertönen sollten, verbrannt. Die Mütter mussten ohne Tränen und Jammern der Szene beiwohnen. Vermutlich war es üblich, dass reiche Familien Kinder von Armen kauften, wenn sie ihren Nachwuchs für das Opfer zu stellen hatten. Wie in Rom war die oberste gesetzgebende Behörde der Senat. Er bestand aus 300 Mitgliedern.

Auf dem Meer duldeten die Karthager keinerlei Konkurrenz. Jedes fremde Schiff, das in ihre Reichweite kam, wurde erbarmungslos requiriert oder mit der gesamten Besatzung versenkt, ganz gleich woher es kam und welcher Nationalität es angehörte. – Das wollte Rom schließlich ändern. Der Anfang der so genannten Punischen Kriege…

Der erste Punische Krieg

Es war die Begehrlichkeit der Römer, die den ersten Punischen Krieg auslöste. Sizilien, diese blühende Kornkammer im Mittelmeer, war zu verlockend, als dass man sie auf Dauer dem Einfluss Karthagos überlassen wollte. Die Centurien-Versammlung übertrug den Auftrag, die Karthager von der Insel zu vertreiben, dem Konsul Appius Claudius. Im Frühjahr des Jahres 264 segelte er mit einer kleinen römische Flotte durch die Meerenge von Sizilien, nahm Messina ein und setzte den karthagischen General Hanno gefangen. Sie stellten ihn vor die Wahl: Rückzug oder Gefangenschaft.

Hanno zögerte keine Minute und kehrte mit seinem kleinen Heer in die Heimat zurück, wo man ihn zum Dank dafür kreuzigte. Denn Karthago hatte keineswegs vor, sich von den Römern etwas gefallen zu lassen. Die Stadt schickte einen neuen General an der Spitze von frischen Truppen. Die landeten in Sizilien und nahmen zunächst Kontakt mit den Griechen auf. Es gelang ihnen auch, mit Agrigent und dann mit Syrakus ein Bündnis zu schließen. Appius Claudius hingegen hatte auf die Jahrhunderte alte Feindschaft zwischen Griechen und Phöniziern gebaut und sah sich und sein Heer von dieser neuen Freundschaft überrumpelt. So griff er zur List.

Appius ließ die Nachricht verbreiten, dass die veränderte Lage ihn zwinge, nach Rom zurückzukehren, um dort neue Befehle einzuholen. Und um die Täuschung glaubhaft zu machen, ließ er auch einige Schiffe nach Norden segeln. Die sich in Sicherheit wiegenden Karthager vernachlässigten die Überwachung der Meerenge, worauf Appius mit 20.000 Mann südlich von Messina vor dem syrakusischen Feldlager landete und es angriff.

Hieron, der Feldherr von Syrakus, kämpfte tapfer, doch das plötzliche Erscheinen der Römer machte ihn misstrauisch, er glaubte an einen Verrat der Karthager und kehrte empört nach Syrakus zurück. Nachdem Appius auf diese Weise die

Karthager isoliert hatte, warf er sich ihnen mit aller Macht entgegen. Doch es gelang ihm nicht, Messina zu nehmen. So ließ er einen kleinen Teil seines Heeres zur Belagerung der Stadt zurück und eilte mit dem Gros seiner Truppen dem flüchtenden Hieron nach, um sich den Rücken frei zu halten. Doch Hieron bereitete den Römern eine schwere Niederlage. Appius überlebte mit knapper Not und musste einsehen, dass sein Unternehmen schwieriger war, als es sich der Senat in Rom vorgestellt hatte. Er ließ den Rest seiner Truppen vor Messina zurück und schiffte sich nach Rom ein, um Verstärkung zu erbitten.

Jetzt war Diplomatie gefragt. Mit Verhandlungen und Versprechungen gelang es, Hieron auf die Seite Roms zu ziehen. Das war zwar ein Erfolg, reichte aber noch nicht aus. Auch die Unterstützung Agrigents wäre nötig gewesen, aber diese Stadt war von einer starken karthagischen Garnison besetzt. Zwar belagerten sie die Römer und zwangen die Verteidiger nach sieben Monaten zu einem Ausfall, bei dem sie auch geschlagen wurden. Aber Karthago schickte sofort ein neues Heer unter dem Befehl des Generals Hamilkar. Der wählte eine neue Taktik, vermied die Schlacht zu Lande und griff mit seiner Flotte die Seestützpunkte der Römer an der Küste an und errang Sieg auf Sieg.

Aber nun zeigte sich die wahre Stärke Roms. In wenigen Monaten wurden unter unglaublichen Anstrengungen 120 Schiffe auf Kiel gelegt und gegen Hamilkar geschickt. Der besaß 130 Schiffe und den Hochmut der Karthager, die noch nie jemanden auf dem Meer fürchten mussten. Doch als sich die feindlichen Flotten begegneten, erlebte Hamilkar die Überraschung seines Lebens. Die plumpen römischen Schiffe waren mit Enterbrücken ausgestattet. Über diese stürmten die Legionäre mit ihren erhobenen Kurzschwertern auf die feindlichen Schiffe und kämpften so kühn, wie sie es zu Lande gewohnt waren. Sie schafften es also, ihre Kampftechnik dem Gegner aufzuzwingen. Hamilkar verlor ein Drittel seiner Flotte und floh.

Karthago war erschüttert, hatte es sich doch auf dem Meer für unbesiegbar gehalten. Die Römer aber platzten vor Stolz und beschlossen, den Krieg über das Mittelmeer hinweg ins Herz des Feindeslandes zu tragen. Sie bauten eine zweite Flotte von 330 Schiffen mit 150.000 Mann Besatzung und stellten sie unter den Befehl des Konsuls Attilius Regulus. Karthago baute eine gleich große Seemacht und gab das Kommando wieder an Hamilkar. Der Zusammenstoß fand auf der Höhe von Sizilien statt und endete unentschieden. Die Römer verloren 24 Schiffe, die Karthager 30. Aber Regulus konnte bei Kap Bon auf afrikanischem Boden landen. Die entscheidende Schlacht wurde bei Tunis ausgefochten. Von dem vernichtend geschlagenen römischen Heer retteten sich nur 2.000 Mann, Regulus selbst geriet in Gefangenschaft. Man schrieb das Jahr 255.

Der Patriotismus des Regulus

Rom brauchte fünf Jahre, um sich von dieser materiellen und moralischen Niederlage zu erholen, die den Krieg wieder nach Sizilien getragen hatte. In diesen fünf Jahren wechselte das Kriegsglück, mit leichten Vorteilen für die Karthager. Dann aber wurde Hasdrubal, ihr neuer General, beim Versuch Palermo zu nehmen, besiegt und verlor 20.000 Soldaten. Karthago war jetzt kriegsmüde und schickte den Kriegsgefangenen Regulus zusammen mit Gesandten nach Rom, um Friedensvorschläge zu unterbreiten. Regulus musste sein Ehrenwort geben, bei einem Scheitern der Verhandlungen nach Karthago zurückzukehren. Der Senat forderte ihn auf, in Gegenwart der karthagischen Gesandten offen seine Meinung zu sagen.

Regulus achtete nicht auf seinen Vorteil, im Gegenteil, er machte seinen Mitbürgern Mut: „Ich sage Euch, Karthago ist erschöpft, der Sieg nicht mehr allzu fern. Nur noch eine kleine Anstrengung, und wir haben den Feind besiegt. Nehmt auf mein Leben keine Rücksicht, wenn es um die Größe Roms geht." Trotz flehentlicher Bitten seiner Gattin kehrte Regulus nach Karthago zurück. Dort war man logischerweise nicht gut auf ihn zu sprechen und marterte ihn zu Tode, indem man ihm wochenlang den Schlaf raubte.

Aber die römischen Staatskassen waren leer und Rekruten gab es auch kaum noch. Da finanzierten die reichsten Bürger aus eigener Tasche den Bau einer neuen Flotte von 200 Schiffen und stellten sie dem Konsul Lutatius Catulus zur Verfügung. Der blockierte die Häfen von Drepanum und Lilybäum. Die Karthager ihrerseits schickten eine Flotte von 400 schwer bewaffneten, mit allem Proviant versehenen Schiffen. Wäre diesen die Landung geglückt, hätte das das Ende der römischen Herrschaft in Sizilien bedeutete.

Gegen den ausdrücklichen Befehl des römischen Senats griff der selbst schwer verwundete Catulus dennoch an. Die überladenen karthagischen Schiffe waren in ihrer Manövrierfähigkeit behindert: 120 wurden versenkt, der Rest stob in wilder Flucht auseinander. Dem von seiner Heimat abgeschnittenen karthagischen General Hamilkar blieb nichts anderes übrig, als um Frieden zu bitten. Lutatius Catulus nahm das Friedensangebot sofort an, billigte dem Feind einen ehrenhaften Abzug zu und überließ es im Übrigen dem römischen Senat, weitere Bedingungen festzusetzen.

Einige Römer warfen dem Catulus übergroße Milde vor, doch der Senat war klug genug, vorläufig nicht an eine Fortsetzung der Kämpfe zu denken. Er verlangte von den Karthagern den Abzug aus Sizilien, die Rückgabe der Gefangenen und innerhalb von zehn Jahren die Bezahlung von 4.400 Talenten. Die Bedingungen waren überraschend maßvoll und Karthago beeilte sich, sie zu akzeptieren. So endete der Krieg, der 25 Jahre, von 265 bis 241, gedauert hatte. Aber Römer und Karthager wussten, dass dieser Krieg keine Entscheidung gebracht hatte, dass es auf Dauer nur eine Macht im Mittelmeer-Raum geben konnte.

Krise in Karthago

Beide Völker waren nach diesem Krieg erschöpft. Die Folgen des Krieges waren für Karthago aber weitaus schlimmer als für Rom. Die Regierung von Karthago hatte sich geweigert, den Soldaten, die unter Hamilkar gedient hatten, den Sold auszuzahlen. Als die sich deswegen unter dem Korporal Mato erhoben, erhielten sie sofort Unterstützung von den unterjochten Völkerstämmen, besonders von den Libyern. Sie bildeten eine reguläre Armee unter dem Befehl eines neapolitanischen Sklaven, Spendius, und belagerten die Hauptstadt.

Hamilkar zögerte lange, gegen seine eigenen Soldaten ins Feld zu ziehen. Doch als die Aufständischen 700 gefangene Karthager vor den Wällen der Stadt lebendig begruben und seinem früheren Kollegen Cescus die Hände abhieben und die Beine brachen, beschloss er zu handeln. Er rief die Jugend der belagerten Stadt zum Kampf, bildete sie aus und griff mit 10.000 Mann die 40.000 Belagerer an. Er durchbrach die tödliche Umklammerung und trieb die Gegner in ein Tal, dessen beide Ausgänge er blockierte. Hier wartete er darauf, dass sie verhungerten.

Zuerst verzehrten die Eingeschlossenen ihre Pferde, dann die Gefangenen, schließlich die Sklaven. Endlich schickten sie Spendius und baten um Frieden. Hamilkar ließ ihn kreuzigen. Darauf versuchten die Aufständischen einen Ausfall und wurden niedergemacht. Mato geriet in Gefangenschaft und wurde langsam zu Tode geprügelt. Es war, so schrieb Polybius, einer der blutigsten und grausamsten Kriege der Geschichte.

Während dieses dreijährigen Aufstandes hatte Rom die Inseln Sardinien und Korsika besetzt. Karthago protestierte dagegen. Die Römer antworteten darauf mit einer Kriegserklärung. Da akzeptierte Karthago gedemütigt den Verlust der Inseln, die daraufhin zu römischen Provinzen wurden, und leistete sogar eine Zahlung von weiteren 1.200 Talenten.

Während Rom seine Eroberungen, vor allem im Norden der Halbinsel und in Südfrankreich, konsolidierte, setzte in Karthago Hamilkar alle Hebel in Bewegung, um gegen Rom einen Revanche-Feldzug vorzubereiten. Nachdem er den Söldneraufstand blutig niedergeschlagen hatte, versuchte er die karthagische Regierung dazu zu bewegen, ihm ein neues Heer anzuvertrauen, um Karthagos alte Größe wieder herzustellen. Auf seiner Seite standen die Handelsleute, denen es darum ging, das verlorene Handelsmonopol im Mittelmeer wieder zu erringen. Seine Idee war es, Spanien als Operationsbasis zu benutzen und von dort aus gegen die Römer zu ziehen. Die Aristokratie der Landbesitzer in Karthago wollte sich dagegen nicht auf ein neues, gefährliches Abenteuer einlassen.

Schließlich einigte man sich auf einen Kompromiss: statt eines Armeekorps wurde Hamilkar nur eine einzige Division zugestanden. Aber die genügte ihm, schließlich war er ein fähiger General. Doch bevor er gegen die Römer zog, führte er seinen Schwiegersohn Hadrubal und seine drei kleinen Söhne Hannibal, Hasdrubal und Mago in den Tempel und ließ sie dort vor dem Altar des Gottes Baal-Haman schwören, eines Tages Karthagos Schmach zu rächen. Dann segelte er mit ihnen und seinen Truppen nach Spanien.

Dort brauchte er nur wenige Monate, um die rebellischen Städte zu unterwerfen, Soldaten zu rekrutieren und so eine regelrechte Armee zu bilden. Karthago unterstützte ihn nicht, aber der ungewöhnliche Mann schaffte es auch so. Er ließ nach Eisen graben, um neue Waffen für die Armee zu gießen und monopolisierte den Handel, um sich dafür das nötige Geld zu verschaffen. Aber Hamilkar starb zu früh, um die Früchte seiner Bemühungen zu ernten. Bei einem Scharmützel mit einem aufrührerischen iberischen Stamm wurde er tödlich von einem Pfeil getroffen. Sterbend bestimmte er seinen Schwiegersohn Hasdrubal zum Nachfolger.

Hannibal, das Kind der Garnison

Das war eine glückliche Wahl, denn Hasdrubal verwaltete das Erbe seines Schwiegervaters mit Umsicht. Ihm ist unter anderem die Gründung der Seestadt Neu-Karthago – Cartagena – zu verdanken, die zum Stützpunkt der karthagischen Macht in Spanien wurde. Als er durch den Dolch eines Meuchelmörders starb, wurde Hamilkars ältester Sohn, Hannibal, von den Soldaten zum Oberbefehlshaber ausgerufen. Er war damals erst 25 Jahre alt und hatte 17 davon im Zeltlager der Soldaten verbracht. Aber nie vergaß er den Schwur, den ihn sein Vater beim Auszug aus Karthago leisten ließ.

Hannibal war, wenn auch vielleicht nicht der größte Feldherr des Altertums, so doch sicher der brillanteste. Bevor ihn sein

Vater nach Spanien brachte, war ihm eine für die damalige Zeit vorzügliche Erziehung zuteil geworden. Er sprach griechisch und lateinisch, kannte sich in Geschichte aus und hatte sich aus den Erzählungen Hamilkars ein ziemlich genaues Bild von den Stärken und Schwächen Roms gemacht.

Er war vor allem davon überzeugt, dass die Römer von ihren Verbündeten verlassen werden würden, wenn es nur gelänge, ihnen im eigenen Lande eine Niederlage beizubringen. So war es aber nur zur Zeit seines Vaters gewesen. Er übersah völlig, dass Rom in Italien inzwischen fast nur Verbündete hatte.

Titus Livius erzählt uns, dass Hannibal genügsam, stark und kühn war. Immer der erste im Kampf und der letzte, der zurückkehrte. Wenn er einen Fehler hatte, dann war es sein übergroßes Vertrauen in die eigene Improvisationsfähigkeit. Seine Soldaten vergötterten ihn und folgten ihm blindlings. Vielleicht lag es auch daran, dass er sich wie ein einfacher Krieger kleidete und die Mühen und Anstrengungen des Heeres klaglos teilte. Er war nicht nur ein Meister der Strategie, sondern auch ein ausgebuffter Diplomat und gerissener Spion.

Hannibal konnte nicht erwarten, dass die Heimat ihm die Erlaubnis für eine Kriegserklärung gegen Rom geben würde. Aber zu groß war die Furcht der Karthager vor dem mächtigen, unbezwingbaren Rom. Also setzte Hannibal alles daran, die Römer selbst zu einer Kriegserklärung zu zwingen. Deshalb griff er im Jahre 218 überraschend das südlich des Ebro gelegene Sagunt an, das mit Rom verbündet war. Das war der Beginn des zweiten Punischen Krieges.

Streit um Hannibal

Wir wissen nicht, wie es damals wirklich war.
Aber etwa so könnte es gewesen sein:

Aus Karthago sind keinerlei Schriftdokumente überliefert, weil die Bibliothek von Karthago im Jahr 146 v. Chr. nieder brannte. Aber so könnte der Dialog zweier Soldaten Hannibals gelautet haben, bevor sie mit ihm die Alpen überquerten, um in Italien einzufallen.
Hanno schwärmt: Noch nie hat ein Feldherr so kühn gehandelt wie Hannibal.
Mato hält dagegen: Noch nie war ein Feldherr so wahnsinnig wie Hannibal. Er will die unbezwingbaren Alpen überqueren. Mit all den Elefanten, dem ganzen Tross. Hannibal führt uns in den sicheren Tod, nur um seinen krankhaften Ehrgeiz zu befriedigen.
Hanno will davon nichts wissen: Er führt uns zum sicheren Sieg, um die frechen Römer ein für alle Mal in die Schranken zu weisen. Hast Du schon vergessen, was die unverschämten Römer unserem Volk angetan haben? Sie haben uns ausgeplündert und gedemütigt. Lieber im Kampf gegen die verfluchten Bauernsöhne sterben als jemals wieder ein Knie vor ihnen zu beugen.
Mato verbittert: In die Verlegenheit wirst Du wohl kaum kommen. Das gefrorene Wasser der Berge wird dein Leichentuch sein. Du wirst in bitterer Kälte fern unserer warmen Heimat einen elenden Tod sterben.
Hanno, voller Verachtung: Welch jämmerlicher Feigling Du doch bist. Schau auf den tapferen Hannibal, wie seine Augen leuchten, schau auf die mächtigen Elefanten, die die Römer wie lästiges Gewürm zertreten werden. Mit uns ist der Sieg, für uns ist die Beute. Die geknechteten Völker südlich der Berge werden uns jubelnd begrüßen, die schönsten Jungfrauen werden unser Lager teilen.

Mato winkt ab: Die Götter mögen Dir beistehen, ich aber kehre um. Es ist zu früh, dass mich meine Kinder beweinen. Ich mag nicht in fremder Erde begraben sein. Der Himmel ist hoch und Karthago ist weit. Ich bin ein Krieger, durch meine Adern fließt warmes Blut. Ich kann nicht gegen eisige Winde und gefrorenes Wasser kämpfen.
Hanno, voller Zuversicht: Du hast das Herz einer Ziege und den Verstand einer Schildkröte. So gehe denn zurück an Deinen warmen Herd. Aber klage nicht, wenn ich, reich beladen mit römischen Schätzen, nach Neu-Karthago heimkehre. Und solltest Du als krätziger Bettler an meine Tür klopfen, so werde ich Dir nicht öffnen.

Der zweite Punische Krieg

Hannibal brauchte acht Monate, um Sagunt zu nehmen. Dann ließ er dort seinen Bruder Hasdrubal mit dem Befehl zurück, Verstärkungen vorzubereiten. Er selbst überschritt mit 37 Elefanten, 50.000 Soldaten und 9.000 Reitern den Fluss Ebro, der damals die Grenze zwischen den Einflussgebieten Roms und Karthagos darstellte. Sein Heer bestand ausschließlich aus Spaniern und Libyern.

Die Schwierigkeiten begannen nach dem Überschreiten der Pyrenäen. Die gallischen Stämme, mit Marseille verbündet, das wiederum mit Rom Verträge hatte, widersetzten sich den vordringenden Truppen. Zudem weigerten sich 3.000 seiner Soldaten weiter zu marschieren, als sie hörten, dass Hannibal die Absicht habe, die Alpen zu überschreiten. Der Feldherr zwang sie nicht dazu, stellte ihnen sogar frei, umzukehren. Mit dem Rest seiner Truppen überquerte er in 15 Tagen das Gebirge.

Einige tausend Soldaten fielen dabei der Kälte, der Erschöpfung und den Überfällen der Bergstämme zum Opfer. Verzweiflung und Mutlosigkeit machten sich unter den Soldaten breit. Aber Hannibal verstand es, ihnen Mut zuzusprechen, zeigte ihnen in der Ferne die Poebene und sprach von der reichen Beute, die sie erwartete. Nur 26.000 Krieger kamen lebend auf der anderen Seite der Alpen an. Dort wurden sie von der unterjochten Bevölkerung tatsächlich freundlich begrüßt. Viele schlossen sich Hannibal an: Die Bewohner Cremonas und Piacenzas etwa erhoben sich gegen die römischen Garnisonen.

Der römische Senat begriff sofort, dass dieser zweite Krieg mit Karthago viel gefährlicher war als der erste. Er rief 30.000 Soldaten mit 14.000 Pferden zu den Waffen und vertraute sie dem Konsul Publius Cornelius Scipio an, dem ersten einer langen Reihe von Feldherrn aus demselben Geschlecht. Scipio stellte sich Hannibal am Ticinus und wurde von der numidischen Kavallerie besiegt. Fast wäre der Konsul dabei selbst ums Leben gekommen, hätte ihn nicht sein 16-jähriger Sohn gerettet. (Dieser Sohn rächte später die Niederlage seines Vaters in der Schlacht von Zama. Doch greifen wir den Ereignissen nicht voraus.)

Zwei Monate nach der Niederlage am Ticinus schickte Rom ein zweites Heer, diesmal unter dem Konsul Tiberius Sempronius, gegen Hannibal. Auch er wurde besiegt. Die Straße nach Etrurien über den Apennin lag somit frei. Acht Monate waren ins Land gegangen, als ein weiteres römisches Heer mit 30.000 Mann, jetzt unter dem Konsul Gajus Flaminius, Hannibal von neuem aufzuhalten versuchte. Flaminius war seines Sieges so sicher, dass er sich aus Rom die Ketten mitgebracht hatte, in die er Hannibal schlagen wollte. Doch die Schlacht verlief anders, als es sich der forsche Konsul vorgestellt hatte. Hannibal lockte den Römer in eine geschickt gestellte Falle und schlug den Feind vernichtend in einer mörderischen Schlacht am Trasumenischen See. Kaum einer konnte dem Gemetzel entkommen, auch nicht der Konsul selbst.

In Rom geriet man in Panik. „Hannibal ante portas, Hannibal ante portas“, hieß es: „Hannibal steht schon vor den Toren der Stadt.“ Der Prätor Marcus Pomponius versuchte, die Panikstimmung, die in Rom um sich griff, zu dämpfen.

Aber auch Hannibal hatte mit Problemen zu kämpfen. Er sah, dass sich seine Hoffnungen nicht erfüllten, Roms Verbündete würden ihm in Scharen zulaufen. Er hatte mittlerweile echte Schwierigkeiten, Proviant für seine Soldaten zu besorgen. Vergeblich schickte er die nichtrömischen Gefangenen nach Hause. Vom Apennin bis zum Sannio stand Italien solidarisch auf Seiten Roms.

Da entschloss sich der Feldherr, an der Küste des adriatischen Meeres hinunter in den südlichen Teil der Halbinsel vorzustoßen, um gastfreundlichere Gebiete zu suchen. Seine Soldaten waren nach den drei großen Schlachten ermüdet, und Hannibal selbst litt an einem schmerzhaften Augenleiden, das ihn schon die Sehkraft eines Auges gekostet hatte. Als die verbündeten Gallier sahen, dass sich der Feldherr von ihren Landstrichen immer weiter entfernte, begannen sie zu desertieren. Hannibal schickte Boten nach Karthago, um Hilfe anzufordern. Vergeblich. Auch sein Bruder Hasdrubal war nicht in der Lage, Verstärkung zu schicken, da die Römer inzwischen in Spanien gelandet waren und ihn in Schach hielten.

Und zu allem Übel war ihm in Rom inzwischen ein neuer, gefährlicher Gegner erwachsen. Quintus Fabius Maximus war vom Senat zum „Dictator“ ernannt worden und hatte jene meisterhafte Taktik erfunden, die ihm den Beinamen „Cunctator" – der Zauderer – eintrug. Wie eine Wetterwolke folgte er dem Zug des Hannibal, vermied jedoch stets die offene Schlacht. Er setzte darauf, dass Hunger und Erschöpfung die Soldaten seines Gegners zermürben und zur Verzweiflung treiben würden.

Leider ging das Konzept nicht auf, denn die römischen Legionäre waren als erste zermürbt und forderten immer ungeduldiger die Schlacht. Statt auf Fabius zu hören, schenkten sie dem intriganten Reiteroberst Minucius Rufus Gehör. Fabius wurde der Oberbefehl entzogen und an seine Stelle traten die beiden neu ernannten Konsuln Ämilius Paulus und Terentius Varro. Der erste war ein Aristokrat und sich völlig im Klaren darüber, dass die Römer der hannibalschen Strategie nicht gewachsen waren. Der andere, Varro, war ein Plebejer. Mehr Patriot als General wollte er das, was seine Wähler wollten: Einen schnellen Sieg. Und da es um den Stolz und die Ehre Roms ging, setzte er sich durch. So führte er seine 80.000 Soldaten und 6.000 Reiter gegen Hannibal, der zwar nur 20.000 Veteranen, 15.000 unzuverlässige Gallier und 10.000 Reiter besaß, aber dennoch erleichtert aufseufzte, denn er hatte sich vor allem vor der gefährlichen Strategie von Fabius Maximus gefürchtet.

Die Schlacht von Cannä

Die Schlacht, die in der Folge geschlagen wurde, war die gewaltigste des Altertums. Sie fand zu Cannä am Flüsschen Aufidus statt. Hannibal, der alte Fuchs, lockte den Feind in eine Ebene, die ihm den Einsatz der Kavallerie erleichterte. Dann stellte er sich in Kriegsordnung, mit den Galliern im Zentrum, überzeugt, dass sie als erste die Flucht ergreifen würden. So geschah es auch und Varro setzte ihnen in der

Hitze des Kampfes nach, während sich die beiden äußeren Flügel der hannibalschen Armee um ihn schlossen. Ämilius Paulus, der die Schlacht nicht gewollt hatte, kämpfte tapfer und ließ sein Leben mit 44.000 anderen Römern, unter denen sich 80 Senatoren befanden. Varro hingegen entkam zusammen mit jenem Scipio, der sich schon in der Schlacht am Ticinus gerettet hatte; sie flüchteten nach Clusium und von dort nach Rom.

Nach Ansicht der Militärsachverständigen blieb Cannä ein in der Geschichte der Strategie unübertroffenes Beispiel. Hannibal war der einzige Feldherr, dem es gelungen war, die Römer viermal hintereinander zu schlagen, ohne dabei mehr als 6.000 Mann, darunter 4.000 Gallier, zu verlieren. Aber er verlor auch das Geheimnis seines Erfolges, das die Römer nun endlich entdeckt hatten: die Überlegenheit seiner Kavallerie.

Zunächst schien es, als habe Hannibal endgültig gesiegt: Die Samniten, die Abruzzesen, die Lucanier erhoben sich. In Croton, Locri, Capua und Metaponte brachte die einheimische Bevölkerung die römischen Garnisonen um. Philipp V. von Mazedonien schloss ein Bündnis mit Hannibal und Karthago. – Karthago, jetzt erfreut über die Siege, kündigte Verstärkungen an. In Rom dachten einige Patrizier bereits an eine Flucht nach Griechenland. Aber das waren nur vereinzelte Fälle von Kleinmut.

Der junge Scipio, der sich aus den Niederlagen am Ticinus und bei Cannä gerettet hatte, versuchte mit glühenden Worten seine Mitbürger aufzurichten. Entschlossen nahm das Volk neue Tribute und neue Musterungen auf sich. Die Adeligen brachten ihre Juwelen und Schätze, die Frauen fegten mit ihren Haaren die Böden der Tempel und die Regierung ordnete Menschenopfer an, um die Götter gnädig zu stimmen. Die Soldaten verzichteten freiwillig auf ihren Sold und aus den Häusern der Patrizier meldeten sich 13- und 14-Jährige zur Verstärkung der zusammen geschmolzenen Garnison, die Rom in der letzten Schlacht gegen Hannibal verteidigen sollte.

Aber Hannibal griff Rom nicht an. Die stolze Stadt lag fast wehrlos vor ihm, doch er griff nicht zu. Ein nie geklärtes Rätsel. Noch heute bleibt die Frage unbeantwortet, warum der große Feldherr auf die sichere Beute verzichtete. Ob er auf die versprochene Verstärkung aus der Heimat wartete oder ob er hoffte, dass der Feind um Frieden bitten würde? Oder rieten ihm seine Götter im Traum davon ab, den letzten, den entscheidenden Schritt zu tun? Was auch die Ursachen dieses Zögerns gewesen sein mögen, er beschloss, sich auszuruhen.

Er schickte wieder einmal die nichtrömischen Gefangenen in ihre Heimat zurück und bot dem Senat die römischen gegen ein geringes Lösegeld an. Aber der Senat lehnte hochmütig ab. So ließ Hannibal einen Teil als Sklaven nach Karthago bringen und bestimmte den Rest für Gladiatorenspiele zur Belustigung seiner Soldaten. Nachdem er bis auf wenige Kilometer an Rom herangekommen war, bog er nach Osten ab und zog nach Capua. Wer weiß, wie die Weltgeschichte verlaufen wäre, wenn Hannibal entschlossen in Rom einmarschiert wäre. Die Kritik einer seiner Offiziere an dieser Entscheidung ist uns überliefert: *„Die Götter geben ihre Gaben nicht einem Manne allein. Du weißt Dir einen Sieg zu verschaffen, aber nicht ihn zu nutzen.“*

In der Zwischenzeit waren die Römer dabei, unter unsäglichen Anstrengungen ein neues Heer von 200.000 Mann aufzustellen. Als es endlich soweit war, gaben sie einen Teil der Armee dem Konsul Claudius Marcellus, damit er in Sizilien wieder Ordnung schaffen konnte, den anderen den beiden Scipios, um damit in Spanien Hasdrubal in Schach zu halten. Der Rest blieb zur Verteidigung der Hauptstadt in Rom. Im folgenden Jahr eroberte Claudius Marcellus Syrakus zurück, das während Hannibals Siegeszug abgefallen war und das dank der Erfindungskunst des Mathematikers Archimedes den Römern lange widerstanden hatte.

Zu diesem Erfolg kamen die Siege der beiden Scipios in Spanien, die Hasdrubal mehrmals schlagen konnten. Allerdings ließen sie ihr Leben auf dem Schlachtfeld, und ausgerechnet der Tod dieser beiden tapferen Soldaten sollte sich für Rom als Glücksfall erweisen. Denn um sie zu ersetzen, wurde der 24-jährige Publius Cornelius Scipio, der Sohn des einen und Neffe des anderen, nach Spanien geschickt. Es war jener junge Mann, der heil aus den unglücklichen Schlachten am Ticinus und bei Cannä zurückgekehrt war. Er hatte zwar noch nicht das vorgesehene Alter für ein so hohes Kommando, aber Senat und Volksversammlung waren sich einig und überzeugt, dass man in so einem kritischen Augenblick eine Ausnahme machen müsse.

Publius Cornelius Scipio war ein tapferer Soldat, ein ausgezeichneter Kohortenführer und nach der Niederlage von Cannä die Seele des Widerstandes in Rom gewesen. Er trug einen alten, geachteten Namen, war ein guter Redner, gerecht, ehrlich und fromm. Und er wurde der Retter Roms. Der Held, der Karthago schließlich in die Knie zwang.

Schon unmittelbar nach seiner Ankunft in Spanien gab Publius Cornelius einen Beweis seiner guten Verbindungen zu den Göttern. Um Neu-Karthago nehmen zu können, mussten die Legionäre einen tiefen, mit dem Meer verbundenen

See durchschwimmen, ein unmögliches Unternehmen für die durch Rüstung, Helm und Waffen beschwerten Krieger. Eines Morgens aber rief Publius Cornelius seine Soldaten zusammen und machte ihnen weis, ihm sei Gott Neptun im Traum erschienen und habe ihm versprochen, den Wasserspiegel des Sees zu senken. Zunächst trauten die Soldaten der Sache nicht. Als aber ihr General als erster ins Wasser stieg, folgten sie ihm jubelnd, durchwateten begeistert über das Wunder den See und eroberten im Sturmlauf die Stadt. Danach munkelten die Soldaten, sein richtiger Vater sei gar nicht Scipio, sondern Jupiter in der Gestalt einer Riesenschlange gewesen.

Natürlich war kein Wunder im Spiel gewesen. Publius Cornelius hatte lediglich von den Fischern von Tarragona von Ebbe und Flut gehört, von denen seine bäuerischen Soldaten keine Ahnung hatten.

Die Entscheidungsschlacht von Zama

Fast ganz Spanien fiel in der Folge in die Hände der Römer. Doch Hasdrubal, der nun keinen Grund mehr hatte in Spanien zu bleiben, gelang es, sich mit seinen Truppen nach Norden durchzuschlagen. Er wollte durch Frankreich und über die Alpen seinem Bruder Hannibal zu Hilfe zu eilen. Aber eine Botschaft an den Bruder fiel in die Hände der Römer, die so Kenntnis von seinem Operationsplan erhielten. Daher wurde mit dem einen Heer, das Claudius Nero kommandierte, der ahnungslose Hannibal in Apulien festgehalten. Das andere Heer aber, unter Livius Salinatorus, erwartete Hasdrubal an einem günstigen Punkt am Küstenfluss Metaurus, vernichtete die karthagischen Truppen und tötete den Bruder Hannibals. Der Kopf soll in Hannibals Lager geworfen worden sein.

Der große Feldherr fühlte sich am Ende seiner Kräfte. Auch Philipp von Mazedonien hatte sich nach seiner halbherzigen Kriegserklärung von der römischen Diplomatie eines Besseren belehren lassen und Frieden geschlossen. Von den 100 von Karthago mit Verstärkung abgesegelten Schiffen waren 80 an der sardischen Küste untergegangen, und das Nichtstun und die Ruhe im Lager von Capua hatten die Moral der Sieger von Cannä nachhaltig untergraben.

Im Jahre 204 wurde Scipio nach seiner triumphalen Rükkkehr aus Spanien an die Spitze eines neuen, mächtigen Heeres gestellt, das, auf eine Flotte verfrachtet, unverzüglich nach Afrika segelte. So wurde der Krieg für die Karthager ins eigene Land getragen. Geschockt beeilte man sich in Karthago, Hannibal zurück zu rufen, damit er ihre Stadt verteidigte.

Doch der Mann, der nach 36 Jahren Abwesenheit, fast erblindet und von den Anstrengungen erschöpft, in die Heimat zurückkehrte, war nicht mehr der stürmische junge Mann, der das römische Weltreich in Furcht und Schrecken versetzt hatte. Römische Historiker berichten, dass er 20.000 aufrührerische Soldaten hinrichten ließ und sich mit dem Rest im Jahre 202 einschiffte. Er kannte seine Heimatstadt, die er als Neunjähriger verlassen hatte, kaum wieder. In der Ebene von Zama, 50 Meilen von Karthago entfernt, stellte er sich mit seinen Veteranen den Römern.

Die Stärke der beiden Heere war ungefähr gleich. Monatelang lagen sie sich untätig gegenüber, verbesserten lediglich ihre Stellungen. Plötzlich aber erhielten die Römer Verstärkung durch Massinissa, den König von Numidien. Der war gerade von seinem Rivalen, dem karthagerfreundlichen Syphax entthront worden. Massinissa verfügte über eine ausgezeichnete Kavallerie, die er Scipio zur Verfügung stellte. Und gerade auf die Überlegenheit seiner Kavallerie hatte Hannibal wie immer seine Hoffnungen gesetzt.

Die Schlacht begann unter für Hannibal ungünstigen Vorzeichen, denn zum ersten Mal in seinem Leben musste er die Initiative seinem Gegner überlassen. Denn Scipio wandte die Umklammerungs-Taktik seines berühmten Feindes an. Doch der 45-jährige Hannibal fand in dieser bedrohlichen Situation seine jugendliche Energie wieder, griff in einem persönlichen Duell Scipio an und verwundete ihn. Dann wandte er sich gegen Massinissa.

Aber auch wenn er seine Soldaten immer wieder erneut formierte, es war alles vergebens. 20.000 seiner Männer bedekkten das Schlachtfeld. Hannibal musste blut- und staubbedeckt nach Karthago fliehen. Kaum dort angekommen, rief er den Senat zusammen und erklärte, dass nicht eine Schlacht, sondern der Krieg verloren sei und riet, eine Abordnung an die Römer zu schicken und um Frieden zu bitten. So geschah es.

Scipio zeigte sich versöhnlich. Er verlangte die Auslieferung der karthagischen Flotte, den Verzicht auf Eroberungen in Europa, die Anerkennung Massinissas als unabhängigen numidischen König und eine Kriegsentschädigung von 10.000 Talenten. Aber er ließ den Karthagern alle ihre tunesischen und algerischen Besitzungen, verbot ihnen lediglich, neue zu erwerben. Er verzichtete sogar auf die Auslieferung Hannibals, den das römische Volk gern gefesselt im Triumphzug des Siegers gesehen hätte.

Der Zuwachs an Macht nach dem Sieg über die Karthager bewirkte eine tief greifende Veränderung in der Struktur des römischen Lebens. 300.000 Tote waren auf den Schlachtfeldern geblieben, unter ihnen die besten Soldaten und Bauern. 400 Städte waren zerstört, die Hälfte der Bauernhöfe geplündert und verödet. Eine Katastrophe, von der sich besonders der Süden lange nicht so richtig wieder erholte. 200 Jahre früher hätten die Römer diese schwierige Situation in kurzer Zeit gemeistert, aber ihre Nachfolger waren nicht mehr aus dem selben Holz geschnitzt wie die Altvorderen.

Die junge Generation in Rom verspürte wenig Lust zu Schweiß treibender Landarbeit. Der internationale Handel, das schnelle Geld, lockte weit mehr. Es war viel bequemer, Reichtümer in Spanien zu erwerben, wo es ertragreiche Goldminen und Eisenbergwerke gab, als mit Geduld und Ausdauer die Äcker zu bestellen. Die Staatskassen waren mit dem Gold der besiegten Völker gefüllt, die Tribute flossen reichlich aus den unterjochten Ländern.

Dieser wirtschaftliche Boom änderte das Bild der römischen Gesellschaft von Grund auf und ließ die bis dahin gültigen Regeln überholt erscheinen. Eine neue Bourgeoisie von Händlern und Unternehmern wuchs heran. Es entstand das, was wir heute „gesellschaftliches Leben" nennen, es bildete sich sozusagen eine „Schicki-Micki-Klasse". Der Glaube an die Götter verwässerte sich. Roms Tugenden: Disziplin, Gehorsam, Genügsamkeit und vor allem das unerschütterliche Festhalten an der Demokratie, waren plötzlich nicht mehr gefragt. Das sollte sich bald bitter rächen.

Der dritte Punische Krieg

Der dritte und letzte Punische Krieg wurde von Porcius Cato angestiftet und durch Massinissa provoziert. Massinissa war eine der seltsamsten Persönlichkeiten des Altertums. Er wurde 90 Jahre alt und zeugte mit 85 seinen letzten Sohn. Mit 88 galoppierte er noch an der Spitze seiner Truppen. Nach dem Sieg von Zama hatte er seinen numidischen Thron wieder bestiegen, und da Karthago sich nach dem Frieden mit Rom verpflichtet hatte, ihn nicht zu bekämpfen, reizte er die gedemütigte Stadt fortwährend durch Übergriffe und Raubzüge. Karthago protestierte vergeblich in Rom, die Sieger hörten nicht auf diesem Ohr.

Als die Karthager die letzte Kriegsentschädigung gezahlt hatten, schlugen sie gegen Massinissa zurück. In Rom hatte damals die Partei des Censors Cato die Oberhand, der alle seine Volksreden mit dem berühmt gewordenen Satz schloss: *„Im übrigen bin ich dafür, dass Karthago zerstört wird."* Nun sah der Senat, von Cato angetrieben, endlich einen Vorwand, zu intervenieren. Die Karthager wurden aufgefordert, nicht nur Massinissa in Ruhe zu lassen, sondern auch 300 Kinder vornehmer karthagischer Familien als Geiseln zu stellen. Unter den Schmerzensschreien der Mütter, von denen sich einige den römischen Schiffen ins Meer nachstürzten und ertranken, wurden die Kinder ausgeliefert.

Kurz darauf verlangten die Römer noch zusätzlich alle Waffen, die ganze Flotte und einjen großen Teil der Getreidereserven. Auch diese Forderungen, obwohl durch nichts begründet, wurden erfüllt. Da stellten die Römer die empörende Forderung, dass die gesamte Bevölkerung Karthago verlasse und die Stadt dem Erdboden gleich gemacht werde. Vergeblich warfen sich die verzweifelten karthagischen Gesandten vor dem Senat auf den Boden und flehten um Gnade. *„Noch nie in der Geschichte hat es eine ähnlich grausame Forderung gegeben. Ihr Römer habt uns in blutigen Kriegen besiegt. Ihr habt die Blüte unserer Jugend in Eure Stadt geschleppt. Ihr habt uns alles genommen, was von Wert war.*

Wenn Ihr Rache wollt für unser Vorgehen gegen König Massinissa, der uns unter Eurem Schutz beraubt hat, dann nehmt unser Leben – aber verschont die unschuldige Bevölkerung.“

Es nützte ihnen alles nichts. Rom wollte den Krieg und die Vernichtung Karthagos um jeden Preis. Als die Nachricht von der letzten Forderung Roms nach Karthago drang, lynchte die verzweifelte Menge ihre Führer, die die Kinder ausgeliefert hatten, die Gesandten, die Minister und jeden Italiener, dessen sie habhaft wurden. Dann riefen sie alle zu den Waffen, Sklaven inbegriffen, und verwandelten jedes Haus in eine Festung. In zwei Monaten fieberhafter Anstrengung schmiedeten sie 8.000 Schilde, 18.000 Schwerter und 30.000 Lanzen.

Drei Jahre dauerte die Belagerung der unglücklichen Stadt zu Lande und zu Meer. Scipio Ämilianus, dem Sohn des Ämilius Paulus und Adoptivenkel des Siegers von Zama, wurde die zweifelhafte Ehre zuteil, endlich in Karthago einzudringen. Aber noch sechs Tage wurde um jede Straße, um jedes Haus erbittert gekämpft. Scipio ließ Gebäude um Gebäude zerstören, denn die Römer wurden aus allen Fenstern und von allen Dächern angegriffen. Als sich der Leichengeruch über die zerstörte Stadt wie ein stinkendes Betttuch legte, waren von den ehemals 500.000 Einwohnern Karthagos nur noch 55.000 am Leben. Ihr General Hasdrubal flehte Scipio um Erbarmen an und Scipio schenkte ihm das Leben. Hasdrubals Gattin konnte diese Schmach nicht ertragen, sie stürzte sich mit ihren Kindern in die Flammen eines brennenden Hauses.

Scipio, dem dieses Massaker zuwider war, bat den Senat, die Kampfhandlungen einstellen zu dürfen. Doch das grausame Rom ließ ihm antworten, dass nicht nur Karthago zerstört, sondern auch alle seine Bewohner vernichtet werden sollten. 17 Tage lang brannte die Stadt. Die wenigen Überlebenden wurden als Sklaven verkauft. Phönizien verschwand von der Landkarte, aus dem karthagischen Gebiet wurde die römische Provinz Afrika. Es wurde diesmal auch kein Frieden geschlossen, denn es war niemand mehr da, mit dem man hätte verhandeln können. Die karthagischen Gesandten hatten recht behalten: Noch nie in der Geschichte hatte es eine ähnliche Grausamkeit gegeben. Cato hatte sich durchgesetzt, aber er erlebte diesen Triumph schon nicht mehr. Er war während der Belagerung der verhassten Stadt gestorben.

Der afrikanische Skandal

Rom hatte nun keine äußeren Feinde mehr. Aber es war hingebungsvoll mit sich selbst beschäftigt. Die Adeligen verteidigten ihre Privilegien, die Plebejer verlangten mehr Einfluss. Der Senat plante zwar eine Agrarreform, die den Besitzlosen Land verschafft hätte, vertagte sich aber immer wieder. Er wagte es aber immerhin nicht, das Monopol des Adels bei Gericht wieder einzuführen.

Der Funke, der dann die große Revolution entzündete, war der so genannte „Afrikanische Skandal" im Jahre 110. Sechs Jahre zuvor war der König Micipsa von Numidien, Massinissas Sohn, gestorben und hatte sein Reich unter seine beiden Söhne Adherbal und Hiempsal und seinem unehelichen Sohn Jugurtha geteilt. Letzterer war ein herrschsüchtiger, vor keinem Verbrechen zurückschreckender Mensch, der die Römer gegen seine Halbbrüder zu Hilfe rief. Rom schickte eine Untersuchungskommission, die von Jugurtha mit Geschenken bestochen wurde. Nach Rom zitiert, verstand er auch dort, durch allerlei Machenschaften seine Sache zu verschleppen und eine energische Klärung der Erbschaft zu verhindern. Wieder in Afrika, verstieß er gegen jedes Abkommen und jeden Vertrag.

Endlich erhielt der Konsul Metellus den Oberbefehl über die afrikanischen Truppen. Er war entschlossen, gegen den Usurpator zu ziehen und jegliche Bestechung zurückzuweisen. Der Hass der römischen Bevölkerung gegen den sich ständig bereichernden Adel brach plötzlich hervor, als bekannt wurde, dass Metellus sich einem Konsulat des Gaius Marius widersetzte, nur weil der nicht von Adel war. Ohne genau zu wissen, um wen es sich eigentlich handelte, wählte die Volksversammlung geschlossen diesen neuen Mann und vertraute ihm die Legionen an. Denn schon im alten Rom sagte man zu jener Zeit: „Hier kann nur ein starker Mann helfen..."

Zufällig hatte es diesmal den Richtigen getroffen. Marius war ein Kerl vom alten Schlage, wie man ihn höchstens noch in der Provinz traf. Er war Sohn eines armen Tagelöhners, die Kaserne war daher seine „Universität" gewesen. Reich mit Narben und Orden bedeckt, war er aus den Kriegen zurükgekehrt und hatte gut geheiratet, eine gewisse Julia, Schwester eines gewissen Gajus Julius Cäsar, der zwar nur dem kleinen Landadel angehörte, aber einen Sohn besaß, über dessen Taten die Menschen noch nach Jahrtausenden sprechen sollten.

Dank seiner Heldentaten war Marius zum Volkstribun ernannt worden. Er benutzte dieses Amt aber nicht, um Politik zu machen – was im Übrigen auch nicht gerade seine Stärke war –, sondern um mit dieser neuen Würde zu seinen Soldaten zurückzukehren, die in Afrika unter Metellus kämpften. Metellus sah auf diesen Emporkömmling hochmütig herab, er nahm ihn schlicht nicht für voll. Marius, empfindlich und nachtragend, war über die geringschätzige

Haltung seines Generals beleidigt und verlangte das Oberkommando im afrikanischen Krieg für sich.

Sofort änderten sich dort die Dinge: In wenigen Monaten wurde Jugurtha bezwungen und durfte auf dem Triumphwagen des siegreichen Marius bei dessen Einzug in Rom in zweiter Reihe Platz nehmen. Marius war der Held des Tages. Wieder zwei Jahre später wurde er mit dem Oberbefehl gegen die Kimbern und Teutonen beauftragt, die er vernichtend schlug. Erneut zog er als „Retter des Vaterlandes" im Triumph durch die Straßen Roms. Marius stand auf der Höhe seines Ruhmes. Fünfmal war er zum Konsul gewählt worden. Er hatte das gesamte römische Heer reorganisiert. Er, der Bauer, hatte die letzten Spuren der bürgerlichen und aristokratischen Gegensätze im Heer beseitigt. Sein Name wurde überall gepriesen.

Das unwürdige Ende des Gaius Marius

Aber nun begann etwas Furchtbares, etwas ganz Unerwartetes, etwas, womit der Bauer Marius nie gerechnet hatte: Plötzlich war Friede. Weit und breit war kein Feind zu sehen. Nun passte der siegreiche Feldherr, eigentlich eher ein Landsknecht, rein gar nicht mehr in den Kreis der wohlerzogenen und parfümierten Staatsmänner Roms. Außerdem war er arm und sprach nur lateinisch. Das vornehme Griechisch war ihm immer fremd geblieben.

Im Triumphkostüm erschien er im Senat und wurde ausgelacht. Da blieben ihm nur seine Veteranen, mit denen er um die Wette soff. Schließlich öffnete er sein schönes Haus für vornehme Gäste. Er wollte Feste und Gesellschaften geben. Aber niemand verspürte Lust, Gast des Marius zu sein. Die prachtvollen Säle blieben leer. So hoffte Marius, dass der schreckliche Frieden endlich ein Ende nehmen würde.

Im Jahre 91 vor Christus erhob sich das Land Italien gegen die Hauptstadt Rom. Die Italiker hatten schon seit langem römisches Bürgerrecht gefordert. Doch der eingebildete römische Pöbel wollte davon nichts wissen. Aber nun, wo endlich wieder Initiative angebracht gewesen wäre, zeigte sich Marius merkwürdig unentschlossen. Er wartete auf den Ruf, in den Krieg zu ziehen. Doch der Ruf blieb aus. Im Jahre 89 wurde allen Italikern römisches Bürgerrecht zugesprochen.

In Rom aber erhob sich jetzt ein neuer Mann, Lucius Cornelius Sulla. Er wurde im Jahre 88 Konsul und erhielt den Oberbefehl im Kampf gegen einen gefährlichen Orientalen, gegen Mithradetes. Mithradetes war König von Pontos in Nord-Kleinasien und vermutlich persischer Herkunft. Sein Land „Pontos“, in der heutigen Türkei, grenzte an das Schwarze Meer, das griechisch „Pontos Euxeinos“ hieß.

Der ehrgeizige Marius stand nun plötzlich im Schatten Sullas. Nach all den glanzvollen Siegen, so dachte Marius, hätte doch er das Kommando gegen Mithradates verdient. Er putschte daher und riss so die Macht wieder an sich. Als Sulla, plötzlich geächtet, aus Kleinasien zurückkehrte, irrte er heimlich durch Roms Straßen. Schließlich ging er zu Marius, und der, ganz der gutmütige Bauer, ließ ihn ungeschoren ziehen. Sulla hingegen sammelte in Süditalien ein Heer, rückte gegen Rom und nahm die Stadt ohne einen Schwertstreich. Jetzt wurde Marius geächtet.

Marius floh, wurde aber von den Verfolgern gefangen und in Ketten nach Rom gebracht. Im Gefängnis wartete er auf seine Hinrichtung. Ein Sklave, ein Kimber, sollte ihn töten. Aber als der Mann in das funkelnde Auge seines einstigen Bezwingers sah und von ihm angebrüllt wurde, da sank die Hand mit dem Schwert. Als Roms Beamte erfuhren, dass ein

Sklave mehr Ehrfurcht vor Marius hat als sie selbst, da schämten sie sich, setzten Marius auf ein Schiff und schikkten ihn in die Verbannung auf die Insel Ischia.

Während Sulla inzwischen Sieg um Sieg gegen Mithradetes feierte, kehrte Marius im Jahre 87 wieder nach Rom zurück. Er sah furchtbar aus. Wild sein Haar, lang sein Bart. Den Kopf nur von Rachegedanken erfüllt. In Rom regierte der Konsul Cinna mit harter Hand. Ein Volksaufstand vertrieb ihn aus der Stadt. Cinna verbündete sich mit Marius und zog mit einer Armee als Rachegott wieder in Rom ein. Betrunken, mit glasigen Augen, zog Marius durch die Straßen und ließ jedem, der seinen Gruß nicht erwiderte, den Kopf abschlagen. Er fieberte. Im Delirium starb der Mann, der einst als Retter des Vaterlandes gefeiert wurde am 13. Januar 84 vor Christus.

Drei Jahre später kam schließlich Sulla aus dem Orient zurück. Auch ihn hatte man geächtet, seine Angehörigen umgebracht, seinen Besitz beschlagnahmt und ihn zum öffentlichen Feind erklärt. Kaum aber hatte Sulla italienischen Boden betreten, da brach der Bürgerkrieg aus. Ganze Legionen liefen zu ihm über. Und nun nahm Sulla gründlich Rache. Im Orient hatte er gelernt, wie man so etwas macht. Er ließ Tausende abschlachten, gnadenlos. Er ließ 12.000 Italiker umbringen, die ihm in der Festung Praeneste bei Rom Widerstand leisteten.

Den Besitz der Hingerichteten ließ er öffentlich versteigern, ihren Sklaven gab er die Freiheit. Komödianten, Sänger, leichte Mädchen bedachte er wahllos mit üppigen Geschenken. Dann lud er ganz Rom zum Schlemmen ein. Was das Volk nicht verzehrte, ließ er in den Tiber werfen. Er machte sich zum Diktator, nicht für sechs Monate, sondern auf unbegrenzte Zeit. Er war der absolute Herrscher, der König eines Weltreiches, auch wenn er sich nicht so nannte. Eigentlich war Sulla Roms erster „Kaiser“, er bereitete den Weg zum späteren Cäsarentum.

Der Pöbel von Rom liebte Sulla. Er zwang Kriegsgefangene, öffentliche Schlachten auszutragen. Eine sehr vornehme Dame, Valeria, berührte während eines Volksfestes die Toga des Diktators. Während die Gefangenen in der Arena starben, flirtete Sulla mit Valeria. Sie wurde seine fünfte Frau, damals war er 58 Jahre alt. Schließlich aber er hatte genug von dem Treiben, von den Intriganten, den Speichelleckern und den Heuchlern. Er dankte ab. Als er unter dem betretenen Schweigen der Vorübergehenden nach Hause zurückkehrte, stieß einer der Umstehenden Flüche und Verwünschungen gegen ihn aus. Sulla nahm keine Notiz davon, sagte nur spöttisch zu einem seiner Begleiter: *„Dieser Idiot. Nun wird kein Diktator der Welt mehr freiwillig auf seine Macht verzichten wollen.“*

Die beiden letzten Jahre seines Lebens verbrachte er mit Valeria, auf der Jagd, in philosophischen Gesprächen mit Freunden auf seinem Landgut Puteoli, dem heutigen Pozzuoli, und fürchtete erstaunlicher Weise nicht im Geringsten, ermordet zu werden. Er dichtete, er schrieb seine Memoiren. Aber er hatte sich nicht wirklich geändert. Als ihm einmal ein gewisser Granio wegen einer Kleinigkeit nicht gehorchte, ließ er ihn ohne viel Federlesens erdrosseln. Als der Tod in Gestalt von Krebsgeschwüren bei ihm anklopfte, verbarg er seine Schmerzen unter einem heiteren Lächeln und scherzenden Worten. Kurz bevor er starb, diktierte der seine eigene Grabschrift. *„Kein Freund hat mir je einen Dienst erwiesen und kein Feind mich je beleidigt, dem ich es nicht voll zurükkgezahlt hätte.“* Selten hat ein so mächtiger Mann so eindrucksvoll die Wahrheit gesagt.

Alltag im antiken Rom

700.000 Menschen lebten damals in Rom. Ein Gewirr von engen Gassen durchzog die Stadt, das von vier- oder fünfstöckigen Mietshäusern geprägt war. So eng waren die Gassen, dass man sich von Fenster zu Fenster die Hand geben konnte. Die schlecht gelüfteten Häuser waren Brutstätten für Krankheiten jeder Art. Die Mieten waren hoch. Die Menschen lebten auf engstem Raum zusammen gepfercht.

Dagegen war vom Tempeldach des Kapitols herunter die Weltstadt schön anzusehen. Immer mehr Marmorbauten ragten aus dem Grau der Gassen empor. In den Tempeln standen die Statuen, die römische Legionäre in der ganzen Welt zusammen gestohlen hatten: Hunderte von Bronze-Standbildern, herrliche Marmor-Skulpturen, vor allem aus dem immer noch bewunderten Griechenland.

Mächtige Lagerspeicher gab es in Rom, in denen sich Salz, Korn und Wein stapelten. Ebenfalls große Mengen Schreibpapier aus Ägypten. Wenn es am Nil nicht regnete, wenn die Papyros-Ernte schlecht war, musste man in Rom auf Wachs schreiben. Denn die Kunst, auf Papier zu schreiben, war im alten Rom noch unbekannt. Erst Allahs Krieger entdeckten fast 1000 Jahre später das Geheimnis der Papierherstellung im südlichen Kaukasus.

Während der Regenzeit wateten die Römer durch die engen Gassen im Schlamm. Unter den Stadtmauern brodelte es durch Abzugskanäle. Und in keinem Hause fehlte die Latrine. Aquädukte, die berühmten römischen Wasserleitungen, führten täglich 200.000 Kubikmeter Trink- und Badewasser ins Innere Roms. Öffentliche Brunnen und Badewannen gab es an jeder Straßenkreuzung.

Die Gallier hatten die Hose nach Italien gebracht. Die Germanen den Pelz. Im übrigen trugen alle Römer die farbige Tunika, vornehme Bürger darüber die weiße Toga. An den Füßen trug man Sandalen und Militärstiefel, die die Zehen immer frei ließen. Man musste sich also täglich einige Male die Füße waschen, eine fast heilige Zeremonie.

Aber alles war eine Frage des Geldes geworden, wie heute. Als der Mörder Lentulus Sura mit zwei Stimmen Mehrheit frei gesprochen wurde, griff er sich an die Stirn und rief: *„Da habe ich ja eine Stimme zu viel bezahlt! Und das bei diesen hohen Preisen."*

Da auch damals schon alles vom Gelde abhing, war der Mammon die einzige Sorge aller geworden. Natürlich gab es in der Bürokratie noch ehrliche und gewissenhafte Beamte, aber die meisten waren unfähig und sogar gerne bereit, auf ihr Gehalt zu verzichten, ja sogar noch etwas draufzuzahlen, wenn es ihnen nur gelang, einen leitenden Posten in der Provinz zu ergattern. Denn sie wussten, dass sie dort das Hundertfache „verdienen" würden. Dort konnten sie sich an den Steuern, am Verkauf der Einwohner als Sklaven oder auch durch Raubzüge unglaublich bereichern.

Als zum Beispiel Cäsar nach Spanien geschickt wurde, schuldete er seinen Gläubigern eine ungeheure Summe, die er, erst einmal in Spanien angekommen, innerhalb eines Jahres vollständig zurückzahlte. Cicero, der berühmte Redner und Senator, erwarb sich den Ruf eines ehrlichen Mannes, weil er als Gouverneur von Cilicien nur 60 Millionen auf die Seite brachte, wie er stolz seinen Freunden und Bekannten in Briefen mitteilte. Und auch die Militärs dachten nicht viel anders. Lucullus kam als Milliardär aus seinen Kriegen im Orient zurück, während Pompeius aus derselben Gegend sechs bis sieben Milliarden Sesterzen für die Staatskasse und 15 für die eigene herausholte.

Rom und seine Dekadenz

So einfach war es, ein Vermögen zu machen, wenn man genügend Mittel und Einfluss besaß, um sich ein Amt zu kaufen oder wenn man sich das Geld dafür von einem Bankier auslieh, zu 50 Prozent Zinsen. Zwar verbot der Senat seinen Mitgliedern diesen schamlosen Wucher, aber natürlich wurde das Gesetz mit Hilfe von Strohmännern umgangen. Selbst so ein würdevoller Senator wie Brutus war mit dunklen Wucherern liiert, die sein Vermögen verwalteten und sein Geld zu den oben genannten, skandalösen Bedingungen ausliehen.

Welch ungeheure Dekadenz damals in Rom herrschte, dafür mag folgende Episode als Beispiel dienen: Eines Abends machte sich Cicero über Lucullus lustig, den Milliardär aus dem Orient, den Sulla gefördert hatte und der im Rufe eines großen Heerführers und raffinierten Feinschmeckers stand. Er behauptete, der ganzer Ruhm des Lebemannes sei nur eine schöne Pose und er wettete, wenn die gesellige Runde unangemeldet bei Lucullus einträfe, würde sie von dessen Köchen nichts anderes vorgesetzt bekommen als ein schlichtes Mahl, das auch Soldaten und Bauern jeden Abend verzehren würden.

Lucullus nahm die Herausforderung an und lud alle in sein Haus ein. Dort ließ er Austern, kleine Vögel mit Spargel und Krabben als Vorspeise servieren. Das Hauptmahl bestand aus Schweinsbrüsten, Fischen, Enten, Hasen, Truthennen, Rebhühnern, Pfauen, Muränen und Stör. Und natürlich fehlten nicht Käse, mit Honig gesüßtes Backwerk und Wein.

Sicherlich befand sich damals auch Pomponius Atticus unter den schlemmenden Gästen. Denn wenn er auch nur aus dem Bürgertum stammte, war er doch viel kultivierter als die meisten Aristokraten. Aus schwerreicher Familie kommend, hatte er in Athen Sulla getroffen und wurde von ihm gefördert. Später legte er sein ungeheures Vermögen teils in einer Farm in Epirus an, wo er Vieh züchten ließ, teils in römischen Mietwohnungen, in einer Schule für Gladiatoren und in einem Verlagshaus für Bücher von hohem kulturellen Niveau.

Aber in Sachen Vermögen war er nur ein kleines Licht. Wenn es um richtiges Geld, und richtig viel Geld ging, dann fiel in Rom nur ein Name: Marcus Licinius Crassus. Crassus heißt „der Dicke", und der Dicke hatte noch den Beinamen „Dives". Er war also der „dicke Reiche". Crassus war neun Jahre älter als Pompeius, nicht sonderlich begabt, militärisch eine Null. Dafür aber war er rührig und beharrlich, ein großer Spekulant. Er hatte einen sechsten Sinn fürs Geld.

Die Güter, die Sulla konfiszierte, kaufte Crassus zu Schleuderpreisen auf und verhökerte sie Gewinn bringend. Er war erfolgreich in Baugeschäften tätig und machte sich einen Namen als gerissener Bankier. Wer in Rom Geld brauchte, ging zu Crassus. Kurz vor seinem Tode betrug das Vermögen des Crassus 170 Millionen Sesterzen, rund 340 Millionen Mark. Er war damals der reichste Mann im römischen Weltreich, der reichste Mann der Welt, Dagobert Duck und Bill Gates in einer Person. Der gute Menschenkenner versäumte keine Gelegenheit, seine Beziehungen auszudehnen. Halb Rom hatte bei ihm Schulden. So waren die einflussreichsten Männer der Stadt von ihm abhängig.

Wenn Crassus für Geld stand, dann war Pompeius das Schwert. Während Pompeius und Crassus Rom de facto beherrschten, brach im Jahre 73 vor Christus in Rom ein Sklavenaufstand aus. Ihr Führer hieß Spartacus, ein intelligenter, strategisch denkender Mann aus Thrazien. Er schlug mit seinen Leuten verschiedene römische Heere und drang bis zum Fuß der Alpen vor. Während er die Alpen übersteigen und dort seine Soldaten in Freiheit entlassen wollte, dachten seine auf Rache dürstenden Männer nur an Beute und Vergeltung. Er wusste, dass er letztendlich unterliegen würde, trotzdem ließ er seine Leidensgenossen nicht im Stich. Schließlich stand er mit 120.000 Mann vor Rom.

Der Dicke, Crassus, inzwischen zum Prätor ernannt, erhielt das Oberkommando über die Armee und schlug die Revolte, die immerhin drei Jahre für Angst und Schrecken gesorgt hatte, grausam nieder. 6.000 Kreuze ließ er errichten, an die die Aufrührer geschlagen wurden – eine Allee des Grauens.

Geld und Intrigen

Crassus sorgte auch dafür, dass im Jahre 70 sein Busenfreund Pompeius zusammen mit ihm Konsul wurde. Er wusste um die militärische Begabung des Pompeius und wollte ihn unter Kontrolle halten. Pompeius jagte König Mithradetes, den König von Pontos, weit bis hinter den Kaukasus. Er eroberte Syrien, Palästina, Armenien. Der ferne Euphrat wurde die östliche Grenze des römischen Weltreichs. Pompeius hatte die seltene Fähigkeit eines Feldherrn, zu wissen, wo er Halt zu machen hatte. Er war kein Alexander, kein Napoleon, die sinnlos in Weiten marschierten, die sie nicht mehr beherrschen konnten. Verwundbar wurde er erst in der Heimat, in Rom, durch die Römer und den römischen Neid.

Sechs Jahre lang war Pompeius von Rom abwesend gewesen. Während dieser Zeit gärte in Rom fast ununterbrochen die Verschwörung, geisterte heimlich die Unruhe, wurden Revolution und Umsturz geplant. Es war die Zeit des langsamen Untergangs der Römischen Republik. Rom war jetzt wie ein Schiff im Sturm. Wer dem Volk Festspiele bieten konnte, wer bei den Abstimmungen geschickt bestach, der hatte den Zugriff zur Macht.

Jeder wollte den anderen überbieten. Die höchsten wie die niedrigsten Schichten der römischen Gesellschaft waren sittlich verwahrlost. Der Zinswucher blühte, gewaltige Vermögen hatten sich in Luft aufgelöst. Fast jeder war verschuldet. Wer durch Müßiggang, Verschwendung und Liederlichkeit verarmte, stimmte laut in den Ruf ein, alle Schulden zu streichen. Es bildete sich ein großes Sklavenproletariat und ein Proletariat der Freien. Gefährliche Parolen wurden laut: „Nur die Armen sind in der Lage, die Armen zu verstehen. Warum sollen nicht sie die Tyrannen sein, statt sich tyrannisieren zu lassen."

Während Pompeius mit seinen Armeen den Orient erschütterte, während Rom vier asiatische Provinzen gewann, wurde die Republik im Innern durch unzählige heimliche Anschläge untergraben. Das war der Humus, auf dem die berühmt gewordene Verschwörung des Catilina prächtig gedieh. Catilina war im Grunde ein äußerst gerissener und wendiger Verbrecher. Er hatte es immerhin bis zum Statthalter der Provinz Afrika geschafft und entstammte einem angesehenen patrizischen Geschlecht. Sein Urgroßvater war während der Feldzüge gegen Hannibal ein tapferer Soldat gewesen, 27 mal war er während der Feldzüge verwundet worden.

Bleich und scheu, oft verwahrlost und betrunken schlich sich Catilina durch die Gassen Roms. Er war tückisch, ein Meister der Heuchelei und Verstellung. Alle verkommenen, alle liederlichen jungen Männer, alle, die ihren Besitz, ihr väterliches Gut durch Laster, Prassen und Spiel verjubelt hatten, waren seine Spießgesellen. Sein politisches Programm war eines der radikalsten: Tilgung aller Schulden für alle Bürger, Gleichheit für alle Bürger. Er meldete seine Kandidatur zum Konsul ganz offen an. Aber das reiche Bürgertum traute diesem Vorkämpfer kommunistischer Ideen nicht und versagte ihm seine Stimme. Cicero, einer der größten Redner des Altertums, ließ sich als Gegenkandidat aufstellen und gewann.

Die Redegewalt des Cicero

Da begann Catilina eine Verschwörung anzuzetteln. Er sammelte insgeheim etwa 1.000 Gleichgesinnte und organisierte eine fünfte Kolonne in der Stadt. Zu ihr gehörten Männer aus allen Ständen, Sklaven, ja selbst Senatoren und sogar zwei Prätoren: Cetegus und Lentulus. Mit dieser Macht im Rükken stellte er sich im nächsten Jahr nochmals zu den Wahlen. Angeblich versuchte er sogar, um ganz sicher zum Konsul ernannt zu werden, seinen Konkurrenten Cicero umzubringen. Der enthüllte dem staunenden Publikum, umgeben von bewaffneten Anhängern, auf dem Marsfeld den Mordplan. Er hielt die berühmte Rede, die so begann: „Wie lange, oh Catilina, wirst du noch unsere Geduld in Anspruch nehmen...?“

Ein Tag reichte Cicero für seine Rede nicht, er brauchte dazu drei ganze Tage. Er legte den ganzen Schatz seiner Beredsamkeit und Eitelkeit in sie hinein. Ein wahres Meisterwerk psychologischer Beeinflussung. Er gab sich in dieser Rede den Anschein vollkommener Unparteilichkeit und brachte durch ständiges Lavieren seine Zuhörer genau dorthin, wo er sie haben wollte: Der Senat beschloss die Todesstrafe für Catilina. Kurze Zeit später gelang es Cicero zudem, Lentulus, Cetegus und weitere fünf Verschwörer verhaften zu lassen. Aber Catalina entkam aus der Stadt und sammelte Truppen in der Toskana. In der Schlacht bei Pistoia nördlich von Florenz ergab sich keiner der 3.000 Verschwörer, sie kämpften bis zum Untergang. Alle wurden niedergemetzelt.

Cicero, eitel wie er nun einmal war, verglich seine Entlarvung der Verschwörung mit der Gründung Roms. Die Senatoren bewilligten ihm den Titel „Vater des Vaterlandes", und als er am Ende des Jahres 63 das Konsulat niederlegte, brachten sie ihn im Ehrengeleit zu seiner Wohnung. Seine Karriere hatte ihn zu einem reichen Mann gemacht. Er besaß Villen in Arpinium, in Pozzuoli, in Pompeji, ein Gut im Werte von 50.000 Sesterzen in Formia und ein weiteres im Wert von 500.000 Sesterzen in Tusculum. Außerdem besaß er einen Palast auf dem Palatin in Rom.

All diesen Reichtum hatte er sich mit Leihgaben, die natürlich nie zurück erstattet wurden, „verdient". Außerdem hatte er noch ein weiteres raffiniertes System ausgeklügelt, um reich zu werden. Er ließ sich in Testamenten als Erbe einsetzen. In 30 Jahren raffte er auf diese Weise 20 Millionen Sesterzen zusammen. Aber es wäre ungerecht, Cicero nur als Geld raffenden, eitlen Stutzer hinzustellen. Cicero hatte in Athen und Rhodos, den damaligen Zentren der Bildung, studiert. 58 Reden und viele Briefe sind uns von ihm erhalten. Sie sind ein Muster an Witz und Ironie, haben das römische Latein entscheidend beeinflusst und zur klassischen Sprache gemacht.

Cicero hielt im übrigen schon damals die Erde für eine Kugel. Er schrieb: *„Denn die Menschen sind unter der Bestimmung geschaffen, dass sie diese Kugel bewohnen, die du hier mitten im Weltraum erblickst, die Kugel die man Erde nennt.. .Die Gestirne und Sterne, die kugelförmig und rund* *sind, werden von göttlichem Geist beseelt. Sie vollziehen ihre Kreise und Umläufe mit bewundernswürdiger Schnelligkeit... Die Massen der runden Sterne aber übertrafen die Größe der Erde. Die Erde selbst kam mir so klein vor, dass mich ein Gefühl der Scham überfiel über all unser Tun, das doch gleichsam nur einen Punkt der winzigen Erde berührt."* – Welch kluge Gedanken, 1000 Jahre bevor Menschen dafür von der katholischen Kirche auf den Scheiterhaufen der Inquisition verbrannt wurden, wenn sie ähnliche Ansichten äußerten.

Nach der Catilinarischen Verschwörung begann Ciceros politischer Stern schnell zu sinken. Unter Cäsar, dem er manchmal Freund und öfter Feind war, dem er aber vor allem nie verzieh, auch ein großer Redner zu sein, kehrte er noch einmal ins politische Leben zurück. Aber die Ruhepausen dazwischen wurden immer größer. Mit 64 Jahren traf ihn der tödliche Hass des Antonius. Er wollte sich in einer Sänfte zur See tragen lassen, wollte fliehen. Aber als er spürte, dass man ihn einholte, ließ er die Sänfte absetzen, hielt seinen Kopf heraus, und dieser Kopf fiel am 7. Dezember 43 vor Christus unter den Schwertstreichen von gedungenen Mördern.

Im Sommer des Jahres 62 vor Christus zog Pompeius langsam aus dem Osten nach Italien. Dieser Rückmarsch mit dem siegreichen Heer in die Heimat war eine unglaubliche Demonstration von Pracht. In Rom angekommen, wurde Pompeius als Eroberer in noch nie zuvor erlebter Größe gefeiert. Was wurde da nicht alles durch die Straßen Roms geschleppt: Siegeszeichen, Gefangene fernster Länder, Schätze von unerhörtem Glanz, fünf Söhne und zwei Töchter des großen König Mithradetes, der Judenkönig Aristobul, der armenische Königssohn Tigranes nebst Gattin und Tochter, Geiseln der Albaner und des Königs von Nordsyrien,

Olthaces, königliche Frauen der Skythen und Menander, Millionen und aber Millionen in mächtigen Truhen.

Auf Tafeln, die voraus getragen wurden, waren die Länder und Völker beschrieben, über die Pompeius gesiegt hatte. 1.000 Burgen, über 400 große Städte hatte er erobert. Den öffentlichen Schatzkammern lieferte er silberne und goldene Gefäße von ungeheurem Wert ab. Und Pompeius, der kühne, unbesiegte Feldherr, fuhr inmitten dieses gigantischen Triumphzuges schlicht und bescheiden durch Rom. Er soll, so heißt es, das damals 260 Jahre alte Obergewand des großen Alexander getragen haben, das die Römer unter den Schätzen des Mithradetes gefunden hatten. Und natürlich jubelte das Volk frenetisch. Siegern jubelt man immer zu. Man schrieb das Jahr 693 nach der Gründung Roms, also 61 vor Christus.

Die Macht des Triumvirats

Aber nun begann der Abstieg des Pompeius, die Verwirrung, die Tragödie. 30 Jahre war der Mann im Felde gestanden, jetzt sehnte er sich nur noch nach Ruhe, nach einem friedlichen Familienleben. Die Römer begannen über ihn zu spotten, gaben ihm kränkende Spitznamen. Und in dieser Situation beging er einen großen Fehler: Er entließ seine Armee. Daraufhin lehnte es der Senat ab, seine Verwaltungsmaßnahmen in Asien zu bestätigen, seinen Soldaten das ihm versprochene Siedlungsland zu schenken.

Da schloss Pompeius in seiner Not einen Freundschaftsbund mit Julius Cäsar. Cäsar, 42 Jahre alt, war zu diesem Zeitpunkt ein sehr einflussreicher Politiker, ein glänzender Redner, Anwalt und Offizier aus der angesehenen Patrizierfamilie der Julier, die Könige und Götter ihre Ahnen nannten. Um diesen Freundschaftsdienst zu besiegeln, heiratete Pompejus die einzige Tochter des Cäsar: Julia, 23 Jahre jung, bildschön und klug.

Nur sechs Jahre dauerte diese Ehe, dann starb die Cäsar-Tochter mit nur 29 Jahren. Crassus, der Kapitalist, wurde der Dritte in diesem Männerbund. Ein perfektes Trio: Pompeius, der Soldat. Cäsar, der Politiker. Crassus, der Mann mit dem Geld. Ein unschlagbares Triumvirat. Jetzt, wo die Macht so eindeutig verteilt war, erhielten Pompeius' Veteranen auch die versprochenen Grundstücke. Seine Asienpolitik wurde sanktioniert. Cäsar erhielt die Statthalterschaft über Illyrien und Gallien, das war die Ausgangsbasis für seine spätere Macht.

Während Cäsar Gallien in den Jahren 58 bis 51 vor Christus unterwarf, versuchte Crassus, der mäßig begabte Feldherr, Persien zu erobern. Er wurde gefangen und von den Persern auf grausame Weise getötet: Sie gossen ihm, um seinen Reichtum wissend, flüssiges Gold in die Kehle.

Nach dem Tode von Julia, der schönen Tochter Cäsars, wurde die Kluft zwischen Cäsar und Pompeius immer größer. Auf Anregung des Pompeius befahl der Senat Cäsar, seine Provinzen in Gallien aufzugeben und sein Heer zu entlassen. Cäsar aber überschritt gegen diesen Befehl den Rubicon. *„Die Würfel sind gefallen.“*, rief das Genie aus, als er das Grenz-Flüsschen überquerte und er sich für die Macht und gegen das Gesetz entschied.

Pompeius floh in den Osten, wurde bei Pharsalus in Thessalien geschlagen und von Cäsar verfolgt. Er versuchte, sich nach Ägypten zu retten. Der ägyptische Hof hatte von der Katastrophe von Pharsalus natürlich erfahren und wollte

Pompeius an der Landung hindern. Aber der Hofmeister des ägyptischen Königs hatte eine bessere Idee. Er schickte einen General zum Schiff des Pompeius. Der Römer wurde zum Hof des Königs eingeladen. Da das Wasser seicht war, bestieg Pompeius die ägyptische Barke.

Als Pompeius an Land gehen wollte, wurde er hinterrücks erstochen – vor den Augen seiner fünften Gattin und seines Sohnes, die vom Deck des Schiffes den Mord mit ansehen mussten. Es war der 28. September des Jahres 48 vor Christus, der gleiche Tage, an dem Pompeius 13 Jahre zuvor als Triumphator in Rom eingezogen war. So unwürdig endete der Mann, der Rom die Schätze der Welt zu Füßen gelegt hatte und von seinen Zeitgenossen „der Große“ genannt wurde. – Kurz danach traf Cäsar in Ägypten ein. Als man ihm liebedienerisch das abgeschlagene Haupt des Pompeius brachte, wandte er sich tief erschüttert ab und brach in Tränen aus.

Die Diktatur des Cäsar

Cäsar war einer der vornehmsten Jünglinge Roms aus dem adeligen Geschlecht der Julier, ein Star im Modeleben der Weltstadt. Der Junge rezitierte, er deklamierte, er hatte Umgang mit Literaten, er dichtete, und die hübschen Mädchen von Rom schenkten ihm ihre Gunst. Aber dieses Leben kostete Geld, viel Geld. Cäsar gab so viel aus, dass er immer borgen musste, um seine Schulden zu bezahlen. Er war leichtsinnig, aber er war auch klug. Er wusste, dass Sulla ihm nach dem Leben trachtete. Also trieb er sich inkognito im Lande herum. Als er krank wurde, ließ er sich jede Nacht in ein anderes Haus tragen.

Doch die Schergen des Sullas fanden ihn. Er bestach sie, floh nach Bithynien zu König Nicomedes. Aber bald war er wieder auf dem Meer und wurde von Seeräubern gefangen. Cäsar lachte sie aus, als sie 20 Talente Lösegeld für ihn verlangten. Viel zu wenig! Er forderte 50 für sein Leben und drohte den Entführern, sie ans Kreuz schlagen zu lassen, wenn er sich wieder in Freiheit befinden würde. Und genau so geschah es.

Er kehrte nach Rom zurück, war zu Jedermann freundlich, erwarb sich die Liebe und Zuneigung des Volkes. Über die Gastmähler, die er gab, sprach ganz Rom. Sein Ansehen im Staate wuchs und Cicero argwöhnte, dass Cäsar diesen Staat stürzen wolle. „Wenn ich sehe, dass sein Haar immer so kunstvoll zurechtgelegt ist, wenn ich sehe, dass er sich nur mit einem Finger kratzt, so erscheint es fast, als ob ihm der Umsturz der römischen Verfassung gar nicht in den Sinn kommen könnte.“

Schließlich erhielt Cäsar Spanien als Statthalter, später Gallien, und so gehörte er zusammen mit Pompeius und Crassus zu den mächtigsten Männern Roms. Vielleicht war Cäsar das umfassendste Genie, das je lebte: Ein vollendeter Staatsmann, ein Feldherr, der seine militärischen Maßnahmen immer den großen Zielen der Politik unterordnete, ein Schriftsteller von außerordentlicher Lebendigkeit und Einfachheit im Ausdruck. Ein geborener Herrscher, der alle zu bezaubern verstand.

Sein Rivale, der Schwiegersohn Pompeius, war in Ägypten heimtückisch ermordet worden. Cäsar landete in Alexandrien und spielte die Rolle eines Gottes. Nachdem er sich nun schon einmal dort befand, wollte er, bevor er nach Rom zurückkehrte, die Angelegenheiten dieses Landes ordnen. König Ptolemäus, ein Knabe noch, hätte laut Testament seines Vaters den Thron mit seiner Schwester Kleopatra, die zugleich seine Frau war, teilen sollen. Aber Kleopatra hielt sich aus Angst um ihr Leben versteckt. Cäsar ließ sie heimlich rufen. Er war bezaubert von dieser Frau, die zwar nicht klassisch schön war, doch eine ungeheure Ausstrahlungskraft gehabt haben muss.

Nach den enthaltsamen Kriegsmonaten gerade das richtige für den notorischen Schürzenjäger. Am Tage, der der ersten Nacht mit Kleopatra folgte, schlichtete er den Streit zwischen Bruder und Schwester und ließ den intriganten Kanzler Potinos diskret beseitigen. Denn Cäsar liebte kein Blut, nicht einmal das seiner Feinde. Doch Alexandria erhob sich und verbündete sich mit der römischen Garnison gegen Cäsar. Der Feldherr behielt ruhig Blut, eroberte handstreichartig die der Stadt vorgelagerte Insel Pharos, wo der als Weltwunder gerühmte Leuchtturm stand, und wartete auf Verstärkung, die auch bald darauf eintraf. Und er machte kurzen Prozess mit den Aufständischen. Kleopatra hatte den richtigen Riecher gehabt, sie harrte treu an Cäsars Seite aus. Von ihrem kleinen Bruder Ptolemäus, der zu den Rebellen überging, hat man allerdings nie mehr etwas gehört.

Der Römer blieb neun Monate bei der schönen Ägypterin und sie schenkte ihm einen Sohn, der – um jeden Zweifel an der Vaterschaft zu zerstreuen – Cäsarion genannt wurde. Als Cäsar mit Kleopatra und dem Baby nach Rom zurückkehrte, zuckte seine Gattin Calpurnia mit keiner Wimper. Sie war an derartige Eskapaden ihres Gatten gewohnt.

Nachdem Cäsar mit seinen Feinden abgerechnet und blutige Schlachten geschlagen hatte, war er jetzt der unumschränkte Herrscher Roms. Er wurde zum Diktator auf Lebenszeit ernannt. Tatsächlich war er durch die Heldenverehrung der Schmeichler selbst in den Augen der gutmütigen Bürger zu einer verhassten Figur geworden. Er hatte gewaltige Pläne, doch sein maßloses Streben säte überall Hass. Es wurde sogar getuschelt, dass Cäsar die Hauptstadt des Reiches nach Alexandria verlegen und Kleopatra heiraten wollte.

Die Verschwörung gegen Cäsar

Die Opposition gegen Cäsar wuchs kontinuierlich. Es gab genug Gründe dafür. Die Argumente waren vielfältig. Hören wir doch dem Dialog zweier cäsarkritischer, römischer Bürger zu:

Varius: Hast Du schon die neuesten Nachrichten über den Tyrannen gehört, Livius?
Livius: Du meinst, dass Cäsar die Hauptstadt des römischen Imperiums in das ferne Alexandria verlegen will, damit er seiner babylonischen Hure öfter beischlafen und seinen Bastard zum König von ganz Kleinasien machen kann?
Varius: Schlimmer noch, oh Livio. Cäsar will sich zum König von Rom krönen, die Götter aus dem Kapitol entfernen und Kleopatra, ihr Name sei verflucht, an ihre Stelle setzen.
Livius: Du beliebst wohl zu scherzen, Varius. Die Senatoren werden aufbegehren, das Volk wird wie ein Mann aufstehen und den Tyrannen hinweg fegen.
Varius: Die Senatoren, diese Ansammlung von zahnlosen, dickbäuchigen Glatzköpfen werden keinen Finger rühren. Sie zittern doch bereits, wenn Cäsar mit den Augenbrauen zuckt. Und das Volk? Bequem ist es geworden, genusssüchtig und fett. Sie schreien nach Brot und Spielen. Wie die Babys nach der Mutterbrust. Und wenn Cäsar ihnen das Vergnügen verschafft, dann sind sie zufrieden. Bei den Göttern, wo ist der Stolz der Römer geblieben? Unsere Legionen beherrschen ein Weltreich, und wir sind ein Volk

von Bittstellern geworden. Cäsar behandelt uns wie seine gallischen Sklaven.
Livius: Wir müssen verhindern, dass sich der Usurpator zum König aufschwingt. Es existiert immer noch das Gesetz unserer Vorfahren, dass jeder, der wagt, nach der Königskrone zu greifen, des Todes ist.
Varius: Ich verfüge über Informationen, die besagen, dass es noch aufrechte Römer gibt, die sich an dieses Gesetz erinnern.
Livius: Ein Hoffnungsschimmer in dieser trüben Finsternis. Mögen Deine Informationen nicht nur Wunschgedanken eines aufrechten Demokraten sein.
Varius: Wir müssen der Tyrannei ein Ende bereiten, Livius. Erst dann wird diese lasterhafte Stadt wieder gesunden.
Livius: Ich werde zu den Göttern beten, damit sie unser Anliegen erhöhen. Der Tyrann muss sterben. Die Zeit zum Handeln ist gekommen.

Der Mord an Cäsar an den Iden des März im Jahr 44 v. Chr. im Senat war das logische Ventil. Aber der allmächtige Schutzgeist, der immer über Cäsars Leben gewacht hatte, blieb ihm auch nach seinem Tode als Rächer treu. In allen Ländern, auf allen Meeren spürte er seine Mörder auf. Die Täter starben alle eines gewaltsamen Todes oder nahmen sich das Leben. Brutus, das Haupt der Verschwörer, von Octavian und Antonius bei Philippi besiegt, floh auf eine steile Anhöhe und stieß sich das Schwert in die Brust.

Oktavian gegen Antonius

14 Jahre nach Cäsars Tod begann die Ära der mächtigen Cäsaren, die Zeit der römischen Kaiser, der großen Alleinherrscher, der launischen, lasterhaften Lenker der Welt.

Antonius, Cäsars Vertrauter, und Octavian, sein Adoptivsohn, waren die ersten Anwärter der Macht.

Octavian war erst 18 Jahre alt, als er erfuhr, dass Cäsar ihn zum Erben seines ungeheuren Vermögens und zum Vollstrekker seines politischen Vermächtnisses eingesetzt hatte. Der junge Mann arrangierte sich mit Antonius, diesem raubeinigen Krieger. Octavian beherrschte Spanien, Italien Afrika und Gallien. Antonius durfte den gesamten Osten regieren. Und alles hätte gut gehen können, wenn nicht eine besondere, eine schöne Frau im Spiel gewesen wäre.

Kaum war Antonius in Ägypten angekommen, befahl er, dass ihn Kleopatra in Tarsos zu treffen habe, um sich gegen den Vorwurf zu rechtfertigen, sie habe die Mörder Cäsars finanziert. Kleopatra erschien auf einem Schiff mit roten Segeln, vergoldetem Schnabel und silbernem Kiel. Die Besatzung ihres Schiffes bestand aus als Nymphen gekleideten Dienerinnen, die im Kreis um eine Silbermuschel standen, in der die ägyptische Königin lag – verführerisch als Venus gekleidet.

Als Antonius diese viel versprechende Nachricht überbracht wurde, eilte er wütend zum Schiff. Doch sein Zorn verflog schnell. Er hatte die ägyptische Königin vor Jahren als junges Mädchen in Alexandria gesehen und erblickte sie nun als voll erblühte Frau. Seine Generäle saßen schon verzückt zu ihren Füßen. Bei der Vorspeise klagte er sie noch an, aber als der Nachtisch serviert wurde, hatte er ihr schon Phönizien, Zypern, große Teile Arabiens und Palästina geschenkt. Sie dankte ihm noch in der Nacht dafür, und die trunkenen Generale durften sich mit den Nymphen vergnügen. Antonius reiste mit ihr nach Alexandria und war ihr fortan total hörig.

Abgelenkt von seiner wild entflammten Leidenschaft hatte Antonius große Mühe, in seinem Reich für Ordnung zu sorgen. Er musste einen Aufstand in Spanien niederschlagen. Zudem rief seine Gattin Fulvia zusammen mit ihrem Bruder Lucius zur Rebellion gegen Octavian auf. Marcus Agrippa, der zuverlässigste General Octavians, musste einschreiten, um die Revolte zu ersticken. Lucius ergab sich in Perusia, Fulvia starb aus Wut und Enttäuschung.

Kleopatra sah in diesem Ereignis den Anlass, alles auf eine Karte zu setzen. Sie überredete Antonius, sein Heer nach Brundisium einzuschiffen und Octavius zu einer Schlacht herauszufordern. Doch die Legionäre auf beiden Seiten zwangen ihre Generäle, Frieden zu schließen. Der wurde durch eine Heirat besiegelt. Antonius nahm Octavia, die Schwester Octavians, zur Gattin. Eine ehrbare und tugendhafte Frau, doch völlig ungeeignet, das Liebesgift der Kleopatra aus dem Herzen des Antonius zu saugen.

Kurz schien es, als ob das soldatische Raubein durch die Heirat wieder zur Vernunft gekommen wäre. Aber das war nur vorübergehend. Antonius hatte nichts anderes im Kopf als den Krieg und Kleopatra: die einzigen Dinge, die er wirklich liebte. Er schickte Octavia nach Rom zurück und begann halbherzig gegen die Perser Krieg zu führen. Er bewilligte sich selbst einen Triumph – was die Römer erzürnte, denn nur sie durften das bestimmen – trennte sich von Octavia und heiratete Kleopatra. Den beiden Söhnen, die er von ihr hatte, gab er ganz Kleinasien und ernannte Cäsarion zum Erbprinzen von Ägypten und Zypern. Der Konflikt mit Octavian war seitdem vorprogrammiert.

Octavian überzeugte den römischen Senat, dass Antonius durch Gift und geheimnisvolle Liebestränke um seinen Verstand gekommen war. Kleopatra wurde der Krieg erklärt und Antonius aller seiner Ämter enthoben. Bei Actium kam es zwischen den Flotten von Antonius und Octavian schließlich zur entscheidenden Seeschlacht. Die Geschichtsschreibung notierte den 2. September des Jahres 31 vor Christus.

Als sich das Kriegsglück zu Gunsten von Oktavian zu neigen schien, beobachtete Antonius, wie das Schiff der Kleopatra plötzlich davon segelte. Da vergaß der vor Liebe blinde Mann alles, ließ seine Truppen im Stich und jagte der Frau nach, die ihn in diesem Moment ein Weltreich kostete. Als Kleopatra die Standarte des Antonius am Mast sah, ließ sie das Schiff herankommen und Antonius wurde an Bord genommen.

Ohne Kleopatra zu sehen, ging er allein zum Vorschiff, setzte sich still hin und stützte den Kopf in beide Hände. Drei Tage saß er so ganz allein am Bug. Erst als das Schiff bei Tainaron am Kap Matapan an der Südspitze des Peloponnes anlegte, brachten die Zofen der Kleopatra eine Unterredung zwischen Antonius und ihr zustande. Der stolze Held, nur noch ein Schatten früherer Tage, schickte Kleopatra nach Ägypten voraus. Er selbst überließ sich ganz seinem Elend, trieb sich in Gesellschaft von zwei Freunden herum, wollte sich das Leben nehmen, wurde aber von seinen Kameraden nach Alexandria geleitet. Währenddessen hatte die Flotte des Antonius dem Octavian noch lange heldenhaften Widerstand geleistet. Aber schließlich beendete sie den hoffnungslos gewordenen Kampf und ergab sich.

Antonius und Kleopatra

In Ägypten musste Antonius erkennen, dass Kleopatra aus ganz anderem Holz geschnitzt war als er. Sie besaß noch

Wagemut und Unternehmungsgeist. Damals, als der Suez-Kanal noch nicht existierte, versuchte die ägyptische Königin, ihre Flotte über den Dünensand ins Rote Meer ziehen zu lassen. Von dort aus wollte sie dem Octavian entkommen, sich in einem fernen Land niederlassen und einen Neubeginn wagen. Da aber die kriegerischen Araber umgehend die mühsam durch die Wüste gezogenen Schiffe in Brand setzten, gab Kleopatra ihr Vorhaben auf und verstärkte ihre Grenzgarnison.

Antonius ließ sich bei Pharos auf einem Damm ein vom Meer umgebenes Haus bauen. Hier wollte er wie ein Einsiedler leben. Aber Kleopatra holte ihn in ihr Schloss zurück. Die Königin sah klar voraus, was kommen musste. Sie begann, sich mit dem Tod zu beschäftigen und stellte Versuche mit zum Tode verurteilten Verbrechern an. Schließlich fand sie heraus, dass nur das Nervengift der Leventeotter am wenigsten Schmerzen verursachte und den sicheren Tod bringen würde.

Im Sommer des Jahres 30 vor Christus rückte Octavian von Syrien her gegen Ägypten vor. Kleopatra und Antonius hatten ihm an Streitkräften kaum etwas entgegen zu setzen. Octavian sandte seinen jungen Feldherrn Thyrsos zu Kleopatra. Der gab ihr die Zusicherung, der Römer werde sie verschonen, wenn sie ihm Antonius ausliefern würde. Antonius wiederum, reizbar und eifersüchtig, ließ Thyrsos fangen und auspeitschen. Dann schickte er ihn mit einem Brief an Octavian zurück. *„Wenn es Dich nun verdrießt, dass ich Deinen Gesandten auspeitschen ließ, so hast Du meinen freigelassenen Hipparchos dort. Den kannst Du an den Armen aufhängen und auspeitschen, damit wir quitt sind.“* Hipparchos war einer der ersten Männer aus Antonius` Gefolge gewesen, der zu Octavian übergelaufen war.

In der Zeit, in der Octavian auf Alexandria marschierte, hatte sich Kleopatra ein großartiges Mausoleum errichten lassen. Ein Bau von enormer Schönheit und großer Höhe. Die Königin ließ dorthin die wertvollsten Stücke ihres Schatzes tragen: Gold, Silber, Smaragde, Perlen, Ebenholz, Elfenbein, Zimt. Octavian erfuhr davon und fürchtete, der Thronschatz werde verbrennen, ehe er diesen Reichtum in die Hände bekam. Er schickte Boten zu ihr mit Grüßen, die ihr Mut machen sollten.

Endlich stand Octavian selber mit seinem Heer vor der Stadt. Antonius unternahm einen verzweifelten Ausfall. Er kämpfte so tapfer, dass er Octavians Reiterei in die Flucht schlug. Er war so stolz auf diesen Sieg, dass er gleich darauf in die Stadt jagte, um seiner Geliebten davon zu berichten. Dann schickte er einen Boten zu Octavian und forderte ihn zum Zweikampf. Aber Octavian, dieser kühle Stratege, ließ ihm nur kühl ausrichten: *„Dir stehen viele Wege zum Tode offen."*

Nun begriff Antonius, dass er keine Chance mehr hatte, dass er wirklich nur noch die Art seines Todes bestimmen konnte. Als der nächste Tag anbrach, stellte Antonius sein Heer auf den vor der Stadt liegenden Hügeln auf. Er beobachtete von der Höhe aus seine Schiffe, die jetzt aus dem Hafen ausliefen und sich mit der Flotte des Octavian vereinigten. In diesem Augenblick verließ ihn auch die Kavallerie und wechselte die Front. Antonius raste, preschte zurück in die Stadt, schrie, er sei von Kleopatra verraten worden.

Die schöne Königin flüchtete in ihr Grab, nahm nur ihre beiden treuesten Sklavinnen Eiras und Charmion mit. Aber vorher hatte sie noch einen Boten zu Antonius gesandt, um ihm mitzuteilen, sie habe sich das Leben genommen. Antonius war am Ende. Wirr sprach er mit sich selbst: *„Du wartest...*

Worauf wartest Du noch? Das Schicksal gab dir bisher noch einen Vorwand zum Leben... Aber dieser Vorwand ist nicht mehr da. Man hat ihn Dir entrissen. Ach Kleopatra! Ich weine nicht, weil ich Dich verliere. Ich werde ja bald zu Dir kommen. Aber dass ich, ein so großer Feldherr, von einem Weibe an Mut übertroffen werde, das tut mir weh."

Antonius befahl seinem treuen Sklaven Eros, ihn zu töten. Eros zog das Schwert, holte aus, wendete sein Gesicht ab und erstach sich selber. Stöhnend sank er zu Antonius Füßen nieder. Daraufhin stieß sich Antonius das Schwert selbst durch den Unterleib und warf sich rückwärts auf sein Bett. Aber bald ließ die Blutung nach, der Römer kam wieder zu sich. Da flehte er die Umstehenden an, ihn zu töten. Plötzlich stürzte der Geheimschreiber der Kleopatra herein, Diomedes. Er hatte Befehl, Antonius zur Königin in ihr Grabmal zu bringen. Antonius wurde bis an Kleopatras Tür getragen.

In diesem Augenblick erschien sie oben an einem Fenster und ließ Seile herab. Die Dienerinnen Eiras und Charmion zogen den sterbenden Antonius empor. Der streckte flehentlich die Hände nach Kleopatra aus, denn die Kräfte der beiden Damen drohten zu erlahmen. Aber dann gelang es Kleopatra, den stöhnenden Gemahl durchs Fenster zu ziehen und ihn in ihre Kammer zu betten.

Als die Königin ihren geliebten Ehemann in diesem erbärmlichen Zustand vor sich sah, zerriss sie ihre Kleider aus Kummer und zerfleischte mit den Händen ihre Brust. Antonius verlangte nach Wein und sagte zu Kleopatra: „*Beklage mich nicht wegen des Unglücks am Ende. Denk lieber an das viele Gute, das ich erlebte, an den großen Ruhm, die große Macht, und dass es keine Schande ist, als Römer von einem Römer besiegt zu werden.“* Dann starb der große Antonius, einst der Stolz Roms, der an seiner Leidenschaft für eine schöne Frau zerbrach.

Octavian und Kleopatra

Inzwischen hatte man Octavian das blutige Schwert gebracht, mit dem sich Antonius den Tod gegeben hatte. Octavian ging in das Innere seines Zeltes und weinte. Er betrauerte den Tod des Mannes, der sein Schwager, sein Mitregent, sein Freund in vielen Kämpfen gewesen war. Er las seinen Freunden Briefe des Antonius vor, um zu beweisen, dass er, Octavian, immer die Freundschaft gesucht, Antonius aber in trotzigem und übermütigem Tone geantwortet habe. Dann sandte er den Proculeius zu Kleopatra. Immer noch dachte Octavian an die Schätze, wahrscheinlich auch an den späteren Triumphzug durch Rom. Kleopatra lehnte es ab, mit Proculeius überhaupt zusammen zu treffen. Sie öffnete nur eine kleine Klappe in der Falltür und bat, man möge ihren Söhnen die Herrschaft über Ägypten belassen.

Wenige Tage darauf erschien Octavian selber, um mit Kleopatra zu sprechen. Er fand die Königin in einem furchtbaren Zustand, voller Wunden, ihre Brust von Schlägen entzündet, in Fieber und schrecklich abgemagert. Kleopatra warf sich dem Römer zitternd vor die Füße. Immer noch war ihr Vertrauen auf die eigene Schönheit nicht ganz erloschen. Sie begann jetzt, sich zu rechtfertigen. Alles, was geschehen sei, versuchte sie damit zu entschuldigen, dass sie sich immer vor Antonius gefürchtet habe.

Octavian widerlegte sie Punkt für Punkt. Nun versuchte sie sein Mitleid zu erregen. Schließlich übergab sie Octavian ein Verzeichnis ihrer Schätze. Octavian war sich jetzt sicher, dass Kleopatra leben wollte. Er versicherte ihr, sie mit Großmut behandeln zu wollen und dass sie mit allem, was ihr teuer war, in Italien leben könne. Als er ging, glaubte er tatsächlich, die Königin getäuscht zu haben. Denn natürlich plante Octavian, seine schöne Beute als Gefangene im Triumph durch Rom zu führen. Kleopatra ahnte das, und der Gedanke war ihr unerträglich. Lieber wollte sie sterben.

Sie erbat sich die Genehmigung, Antonius ein Totenopfer zu bringen. Am Grabmal ihres toten Geliebten warf sie sich auf den Sarg und beklagte bitterlich ihr Schicksal. Sie schmückte den Sarg mit Kränzen, ließ sich ein Bad bereiten und speiste anschließend königlich. Da erschien ein Fellache und brachte ein Körbchen. Die Wachen fragten den Mann, was er da bringe. Er öffnete das Körbchen, entfernte die Blätter und zeigte, dass es mit Feigen gefüllt war. Die Soldaten probierten davon und waren über die Größe und Schönheit der Früchte entzückt. Sie erlaubten dem Fellachen, das Körbchen zu Kleopatra zu tragen.

Nach der Mahlzeit schickte Kleopatra eine Tafel, die sie beschrieben und versiegelt hatte, an Octavian und befahl allen, außer den beiden treuen Dienerinnen, den Raum zu verlassen. Als Octavian die Schreibtafel erbrach, las er Kleopatras flehentliche Bitte, man möge sie neben dem Antonius begraben. Jetzt wusste er, was geschehen war. Der Bote, der zu Kleopatra jagte, fand sie tot, geschmückt mit ihrem königlichen Schmuck, auf ihrem goldenen Bett. Eine ihrer Dienerinnen, Eiras, starb gerade in diesem Moment zu ihren Füßen. Die andere, Charmion, wankte, taumelte und versuchte immer noch, das Diadem, mit dem Kleopatras Haupt umwunden war, zurechtzurücken. Unter den Feigen und Blättern verborgen lag die Otter, deren giftige Zähne Kleopatra ausprobiert hatte. Sie hatte es selber so befohlen.

Auf Octavians Befehl wurde Kleopatra neben ihrem Antonius bestattet – mit königlicher Pracht. Allerdings ließ er den kleinen Cäsarion, den Sohn Kleopatras, umbringen und die beiden Söhne des Antonius nach Rom schaffen, wo sie von seiner Schwester erzogen wurden. Dann ernannte er sich selbst zum König von Ägypten, steckte die ungeheuren Reichtümer des Kronschatzes ein und ließ, um ganz sicher zu gehen, auch den ältesten Sohn des Antonius, den er mit Fulvia gehabt hatte, beiseite schaffen.

Schließlich kehrte er, trotz all dieser Kindermorde, mit dem ruhigen Gewissen eines Mannes, der seine Pflicht getan hat, nach Rom zurück. Er war damals erst 31 Jahre und absoluter Herr der Erbschaft Cäsars. Der Senat hatte weder die Absicht noch die Kraft, sie ihm streitig zu machen. Es war eine reine Vorsichtsmaßnahme, dass er nicht sofort seine Ernennung zum absoluten Herrscher verlangte. Sie wäre ihm vermutlich ohne weiteres gewährt worden. Aber Octavian, dieser gerissene Vollblutpolitiker, kannte nur zu gut die Bedeutung gewisser Worte und wusste, das das Wort „König" in Rom unpopulär war. Aber den Römern war es inzwischen im Grunde egal, wie sich der starke Mann des Reiches nannte. Alles, wonach sie strebten, war Ordnung, Frieden, Sicherheit, eine gute Verwaltung, gesunde Finanzen und garantierte Ersparnisse. Und Octavian war der Mann, der ihnen alles geben konnte.

Der große Kaiser Augustus

Octavian zahlte seine Soldaten mit dem aus Ägypten herangeschafften Geld. Fast eine halbe Million Männer hatte er unter Waffen gehalten! Er ernannte sich zum Imperator – ein rein militärischer Titel – und schickte die meisten seiner Legionen als Bauern auf eigens für sie erworbene Landgüter.

Dann strich er alle Privatschulden gegenüber dem Staat und begann großartige Bauten errichten zu lassen. Er schuf eine effiziente Bürokratie und versammelte eine Auswahl fähiger Fachleute um sich. Unter den Generälen, die er ernannte, zeichnete sich schon bald sein Adoptivsohn Tiberius aus. Dreizehn Mal stellte sich Octavian zur Wahl für den Posten eines Konsuls und wurde ebenso häufig gewählt.

Im Jahre 27 vor Christus aber gab er plötzlich alle Vollmachten an den Senat zurück, proklamierte die Restauration der Republik und erklärte, sich ins Privatleben zurückziehen zu wollen. Ein raffinierter Schachzug. Denn natürlich flehte ihn der Senat an, alle Macht auszuüben und den Namen „Augustus", das heißt der „Erhabene", der „Ehrwürdige", anzunehmen. Scheinbar Schicksalsergeben stimmte Octavian, der jetzt Augustus hieß, zu.

Der neue Herr war außerordentlich zurückhaltend im Gebrauch seiner Macht. Er bewohnte den Palast des Hortensius, der zwar sehr schön, aber bei weitem kein Königspalast war. Seine Privatgemächer bestanden aus zwei bescheiden eingerichteten Zimmern. Als das Haus nach Jahren abbrannte, verlangte er, dass jene beiden Zimmer genauso wieder hergestellt würden. Er war eben ein Gewohnheitsmensch. Er arbeitete unermüdlich und betrachtete sich als ersten Diener seines Staates. Er zeichnete akribisch alles auf, nicht nur seine öffentlichen Reden, sondern auch das, was er zu Hause mit seinen Familienmitgliedern besprach.

Nach der Eroberung Ägyptens berührte Augustus kein Schwert mehr. Auf keinen Sieg war Augustus so stolz wie auf seinen Vertrag mit dem Partherkönig, durch den der Friede an der Ostgrenze des Reiches gesichert wurde. Der „Friedensaltar" in Rom – Ara Pacis Augustae – ist das bedeutendste

Kunstwerk der augustäischen Klassik. Nie erfreuten sich die Römer so tiefen Friedens und so großen Wohlstandes wie in der Zeit, als Augustus unumschränkter Herrscher war.

Als Publius Quintilius Varus vom Cherusker Arminius in der berühmten „Hermanns-Schlacht" geschlagen wurde und sich aus Scham in sein Schwert stürzte, wusste der 72 Jahre alte Augustus nichts anderes zu tun, als sich vor Gram Bart und Haare lang wachsen zu lassen. Ihm waren daraufhin seine germanischen Leibwachen unangenehm, diese treuen, starken Männer. Er schaffte sie ab, sie waren ihm unheimlich geworden.

Erst mit 76 Jahren überraschte ihn in Nola bei Pompeji, während der Genesung von einer Bronchitis, der Tod. Er hatte noch am Morgen wie üblich von acht Uhr bis Mittag gearbeitet. Dann ließ er seine Frau Livia rufen, mit der er in Kürze die goldene Hochzeit feiern wollte, und begrüßte sie liebevoll. Darauf wandte er sich an die Umstehenden und sagte mit heiterer Miene: *„Ist das Volk draußen schon traurig? Wenn ich die Komödie gut gespielt habe, oh Freunde, so klatscht mir zum Abschied von der Bühne Euren Beifall."*

Augustus starb in den Armen von Livia. Die Senatoren trugen seine Bahre auf den Schultern durch ganz Rom, bevor sein Leichnam auf dem Marsfeld verbrannt wurde. Vielleicht wären sie sogar erleichtert über seinen Tod gewesen, hätten sie nicht gewusst, dass Tiberius sein Nachfolger werden sollte.

Der unglückliche Tiberius

Tiberius, der Nachfolger des Augustus, war sein Stiefsohn. Er war ein Mensch ohne Freude, misstrauisch, finster, mit sich und der Welt unzufrieden, eine tragische, eine düstere Gestalt. Er war einer jener historischen Persönlichkeiten, deren Charakter von den Geschichtsforschern nie so recht erfasst werden konnte. In der starren, kalten Natur des Tiberius vereinten sich Misstrauen und Zähigkeit, Menschenhass, Menschenfurcht, aber auch Verstand und mitunter sogar Genialität. Ihm lagen weder die Zirkusspiele noch die mondänen Salons der Großstadt.

Tiberius war schon 55 Jahre alt, als er nach dem Tod des Augustus zu seinem Nachfolger wurde. Seine erste Handlung war, sich dem Senat zu stellen und diesen zu bitten, ihn von seinem Amt zu befreien, um stattdessen die Republik wieder aufzurichten. Der Senat hielt dies für das übliche Theater und flehte ihn an, zu bleiben und seinen Namen einem Monat zu geben, wie Augustus dies getan hatte. *„Wie werdet Ihr es dann mit meinem dreizehnten Nachfolger halten?“*, soll Tiberius daraufhin spitzzüngig geantwortet haben. Mit dieser sarkastischen Haltung gegenüber jeder Art von Schmeichelei begann Tiberius seine Regierung. Er hinterließ bei seinem Tod ein noch mehr blühendes und reicheres Staatswesen als sein Vorgänger.

Vielleicht war Tiberius' Unglück, dass sein Treiben von der scharfen Feder eines Tacitus und eines Sueton kommentiert wurde, die aus ihm den größten Sündenbock seiner Zeit machten. Der größte Vorwurf wird ihm im Zusammenhang mit dem Tod seines Neffen Germanicus gemacht. Der war der Sohn seines geliebten Bruder Drusus und einer Nichte des Antonius. Tiberius hatte ihn adoptiert und zu seinem Nachfolger und Erben bestimmt. Er war ein hübscher, intelligenter und mutiger Junge, den ganz Rom liebte.

Tiberius schickte Germanicus als Statthalter in den Orient, damit er dort herrschen lernte. Natürlich munkelte man im klatschfreudigen Rom, Tiberius habe ihn aus Eifersucht entfernt. Als Germanicus dann starb, tuschelten die Leute erneut, er sei von einem gewissen Piso auf den Befehl des Kaisers umgebracht worden. Piso gab sich selbst den Tod, um einem Prozess zu entgehen. Agrippina, die Witwe des Germanicus, wurde in der Folge zur gefährlichsten Feindin des Tiberius. Seine Schwägerin Antonia, die Witwe des Drusus und Mutter des Germanicus, stand dagegen immer auf Seite des Tiberius`.

Um diese Zeit wurde eine Reihe von Verschwörungen gegen den Kaiser angezettelt. Sejanus, der Anführer der Prätorianer, gab vor, Beweise dafür in Händen zu halten. Der Kaiser zog sich angewidert nach Capri zurück. Die Macht in Rom übte jetzt Sejanus aus, der so praktisch zum Herrscher wurde. Eines Tages gelang es der Schwägerin des Tiberius, Antonia, dem Kaiser in einem Brief mitzuteilen, dass der Führer der Prätorianer plane, ihn, den Kaiser, zu stürzen.

Trotz seines hohen Alters kehrte Tiberius unverzüglich nach Rom zurück und nahm furchtbare Rache. Nicht nur Sejanus, sondern mit ihm alle seine Angehörigen wurden zum Tode verurteilt. Da das Gesetz die Hinrichtung einer Jungfrau verbot, wurde seine jüngste Tochter erst vergewaltigt und dann getötet. Nach dieser Tragödie schien der Geist des Kaisers, er lebte noch weitere sechs Jahre, verwirrt zu sein. Im Jahre 37 verließ er abermals Capri, und während er langsam durch Campanien nach Rom zog, erlitt er einen Herzinfarkt. Als seine Günstlinge sahen, dass er sich zu erholen schien, erstickten sie ihn mithilfe eines Kissens.

Der Irrsinn des Caligula

Gajus, der zweite Sohn des Germanicus, wurde von den Soldaten, unter denen er in Germanien aufwuchs, Caligula genannt. Das bedeutet „Stiefelchen“, weil er als Kind Schuhe von militärischem Schnitt trug. Er wurde nun der Nachfolger des Tiberius. Am Anfang schien es eine glückliche Wahl. Caligula zeigte Mitgefühl mit den Armen, gab der Volksversammlung ihre demokratischen Rechte wieder und stand im Ruf eines gewissenhaften und tapferen Soldaten.

Dann aber veränderte er sich grundlegend. Er wurde zum irrsinnigen Diktator. Seine plötzliche und schnelle Veränderung ist nur durch eine Krankheit zu erklären, eine Art Persönlichkeitsspaltung. Es begann damit, dass er nachts Angstzustände bekam, besonders wenn ein Gewitter im Anzug war. Er lief dann schreiend in seinem Palast umher und war dem Irrsinn nahe. Groß und breitschultrig wie er war, konnte er dann manchmal stundenlang vor seinem Spiegel sitzen und sich selbst Grimassen schneiden.

Der Irrsinn Caligulas kannte keine Grenzen. Irgendwann war Caligula fasziniert von der ägyptischen Kultur und verlangte, die Senatoren sollten ihm die Füße küssen. Dann sollten die würdigen alten Herren mit den Gladiatoren kämpfen. Irgendwann kam ihm in den Sinn, alle Kahlköpfigen, die ihm vor Augen kamen, den wilden Tieren im Zirkus vorzuwerfen. Sein Pferd ernannte er zum Konsul, seine beiden Schwestern machte er – nach ägyptischem Vorbild – zu Geliebten. Eine davon, Drusilla, heiratete er sogar. Als er nicht mehr wusste, wen er noch verfolgen sollte, trieb er seine Großmutter Antonia zum Selbstmord und wandte sich schließlich gegen Jupiter, dessen Statuen er enthaupten ließ, um seinen eigenen Kopf darauf setzen zu lassen.

Der Mord am Tyrannen

Wir wissen nicht, wie es damals wirklich war.
Aber etwa so könnte es gewesen sein:

Die Bevölkerung von Rom war durch die brutalen und unvorhersehbaren Gräueltaten von Caligula völlig eingeschüchtert und verschreckt. Sie wurden bespitzelt und waren nie sicher vor Willkürmaßnahmen. Der Dialog dieser zwei Römer mag typisch für die Situation damals gewesen sein:

Julia: Die Götter verdecken ihr Antlitz aus Scham.

Aurelius: Julia, die Spione des Kaisers sind überall. Willst Du den wilden Tieren vorgeworfen werden oder am Kreuze enden, nur weil Du Deine Zunge nicht im Zaum halten kannst?

Julia: Vielleicht wäre das besser, als unter der Herrschaft eines Wahnsinnigen ein menschenunwürdiges Dasein zu führen. Caligula nimmt sich, was er will. Wie kann eine Frau ihre Tugend bewahren, wenn ein lüsterner Herrscher nur darauf wartet, sie zu entehren?

Aurelius: Es gibt Brot, es gibt Spiele, so großartig wie noch nie. Das Leben hat auch unter Caligula seinen Reiz.

Julia: Ach, Aurelius, wie tief bist Du doch gesunken. Haben die schwächlichen Griechen mit ihren perversen Launen Dir jeglichen Sinn für römische Größe, für römische Ideale geraubt? Caligula hat über unser geliebtes Rom ein Leichentuch gestülpt, niemand ist mehr seines Lebens sicher. Dein Vermögen, Deine Frau, Deine Kinder: Ein Wink des Tyrannen und alles ist seins. Die Meuchelmörder lauern an jeder Straßenecke.

Aurelius (seufzt): Die Zeiten sind mörderisch. Aber still jetzt. Es dunkelt bereits. Siehst Du die lauernden Blicke der Prätorianer dort drüben? Lass uns zum Tiber gehen und den Wäscherinnen zusehen. Vielleicht waschen sie auch die Sünden Roms und die Götter haben Erbarmen mit uns. Julia: Die Götter werden uns nicht helfen. Da bedarf es schon des Schwertes eines Prätorianers. Aber wer tötet schon den Herrn, der einen mästet.

Die Entschlossenheit des Kommandanten der Prätorianer-Garde des Kaisers war nötig, um Rom von dem irren Tyrannen zu befreien. Der Leibwächter erstach den Kaiser auf dem Weg in den Zirkus. Zunächst glaubte niemand in der Stadt an Caligulas Ende. Die verängstigten Bürger hielten es für eine List des Kaisers, der, so dachten sie, sehen wollte, wie die Menschen auf die Nachricht seines Todes reagieren würden. Um zu zeigen, dass der Tyrann wirklich tot war, mussten die Prätorianer auch seine Frau Cäsonia und die kleine Tochter töten. So weit war es mit Rom gekommen: Als Alternative zur Tyrannei gab es nur den Königsmord. Und selbst dieser musste von Söldnern ausgeführt werden, denn dazu waren die Römer scheinbar nicht mehr selbst fähig.

Die Prätorianer, die nach dem Mord an Caligula Herren der Lage geworden waren, wollten das auch in Zukunft bleiben. Bei der Ausschau nach einem geeigneten Pro-Forma-Kandidaten stießen sie auf den Onkel des Ermordeten, Claudius, damals schon 50 Jahre alt. Er war eine armselige Erscheinung, stotternd, hinkend, farblos. Er hatte sich in der Mordnacht zitternd hinter einer Säule versteckt. Auch er war ein Sohn des brillanten Drusus und Bruder des beliebten Germanicus und der einzige, der die ganze Tragödie überlebte, weil er im Rufe stand, nicht ganz richtig im Kopf zu sein. Er galt als Trottel, zumindest gab er sich so. Aber er hatte eine große Schwäche: die Frauen. Er war ein unverbesserlicher Schürzenjäger.

Claudius hatte drei Gemahlinnen gehabt und alle drei betrogen, als er mit 50 Jahren die vierte, Messalina, heiratete.

Messalina war damals erst 16 Jahre jung und ist in die Geschichte als schlimmste aller Kaiserinnen eingegangen. Das mag übertrieben sein, aber zumindest war sie die schamloseste. Wenn ihr ein junger Mann widerstand – sie soll nicht besonders schön gewesen sein – ließ sie ihm von Claudius den Befehl erteilen, ihr gefügig zu sein. Sex wurde so zu einer Art patriotischen Handlung.

Claudius war mit allem einverstanden, wenn ihm Messalina nur freie Hand bei ihren Kammerfrauen ließ. Doch als die enthemmte Kaiserin eines Tages in ihrem Übermut einen ihrer Geliebten, einen gewissen Silius, heiratete, war das Maß voll. Denn als die Minister dem Claudius zuflüsterten, dass dieser Silius ihn vom Thron stoßen wollte, griff der Kaiser durch. Er ließ Silius töten und Messalina, die sich in das Haus ihrer Mutter geflüchtet hatte, durch zwei Prätorianer rufen. Die aber fürchteten die Rache der Kaiserin für den Fall, dass sie den alten Claudius wieder versöhnen könnte, und hielten es für besser, sie gleichfalls ins Jenseits zu befördern. Claudius war darüber sehr betrübt und fragte an seiner kaiserlichen Tafel immer wieder, wo Messalina denn sei. Wie gesagt, er war nicht immer richtig im Kopf. Er heiratete dann noch einmal, Agrippina, die aus ihrer ersten Ehe einen Sohn hatte: Nero.

Nero und das brennende Rom

Agrippina war eine energische, ehrgeizige Frau, der es leicht fiel, den alternden, kindisch gewordenen Kaiser unter den Pantoffel zu zwingen. Als Claudius dann doch einmal wissen wollte, was so alles hinter seinem Rücken in seinem Namen vorging, setzte ihm Agrippina ein vergiftetes Pilzgericht vor. Später sprach Nero in dem Zusammenhang von einer Götterspeise, denn seiner Mutter sei es gelungen, einen armen Narren wie den Onkel Claudius in einen Gott zu verwandeln.

Nero, dessen Namen für ausgeklügelte Grausamkeit und Laster steht, wurde in der Folge neuer Kaiser des römischen Imperiums. In den ersten fünf Jahren seiner Regierung zeigte sich der Kaiser als großzügiger und vernünftiger Herrscher. Aber das Verdienst dafür gebührt Seneca, der in seinem Namen regierte. Seneca war ein seltsamer Mensch. Er benutzte seine einflussreiche Stellung ziemlich skrupellos, um sein Vermögen zu vermehren, lebte dabei aber nicht in Üppigkeit. Er aß wenig, trank nur Wasser, schlief auf einem harten Lager. Als er endlich heiratete, bleib er seiner Frau treu, und wer ihm vorwarf, Geld und Macht allzu sehr zu lieben, dem antwortete er: *„Ich lobe nicht das Leben, das ich führe, sondern das, das ich führen sollte und das ich aus der Ferne mühselig nachzuahmen suche.“*

Solange Nero auf Seneca hörte, blieben Rom und das Imperium ruhig. Die Grenzen waren sicher, der Handel blühte, und Handwerk entfaltete sich. Doch plötzlich begann der gelehrige Schüler, er war damals gerade erst 20 Jahre alt, sich zu einem Monster zu entwickeln. Er ließ seine Mutter Agrippina töten und später auch seine Frau Octavia.

Ebenso wie bei Caligula gibt es für eine derartige abrupte Veränderung ihres Verhaltens keine andere Erklärung als den Irrsinn. Vielleicht hatte die Syphilis, die damals in Rom sehr verbreitet war, nach ihren Gehirnen gegriffen. Nero, der nach dem Muttermord für eine Zeitlang Großmut und Gnade hatte walten lassen, überließ sich aber mit der Zeit immer mehr hemmungslos einer Orgie von Blut und Schrecken. Und da sich der Staatsschatz, den ihm Claudius wohlgeordnet hinterlassen hatte, unter seiner Verschwendungssucht rasch verflüchtigte, zwang er die Verurteilten, ihm auch noch ihr Vermögen zu hinterlassen.

Seneca kritisierte diese Anordnung. Das war ein weiterer Nagel für seinen Sarg. Als er entlassen wurde und sich in seine Villa nach Campanien zurückzog, wird er erleichtert gewesen sein. Aber der Heimtücke seines Herrschers entkam er nicht. Die Häscher des Kaisers erstickten ihn im Dampfbad, als er in den Verdacht geraten war, an einer Verschwörung beteiligt gewesen zu sein. Nun ohne jeden moralischen Halt, sank der Kaiser tiefer und tiefer.

Neros vorrangiges Trachten war es, sich einen neuen, goldenen Palast zu bauen, der zugleich Tempel sein sollte. Aber da sich in dem übervölkerten Zentrum Roms kein Platz mehr für dieses Bauwerk fand, ließ Nero vermutlich die Stadt im Jahre 64 nach Christus anzünden. Natürlich musste ein Sündenbock her für die Feuersbrunst, die große Teile Roms einäscherte und Tausende von Toten kostete. Was lag näher, den Brand dieser neuen, religiösen Sekte in die Schuhe zu schieben, die um jene Zeit in Rom Anhänger gefunden hatte und die ihren Namen von einem gewissen Christus ableitete. Einem Juden, der zur Zeit des Kaisers Tiberius von Pontius Pilatus zum Tod am Kreuze verurteilt worden war.

Einige Christen wurden im Zirkus den wilden Tieren vorgeworfen, andere gekreuzigt, viele mit Teer beschmiert und als lebende Fackeln verbrannt. Die Römer hatten bis dahin von diesen Sektierern kaum Notiz genommen. Doch nach diesem Massenmartyrium begann man, sie mit einer gewissen Neugier zu betrachten. Nero, der sich für einen großen Künstler hielt, wurde indes immer wunderlicher.

Heimlich und verkleidet schlich er sich nach Eintritt der Dämmerung in üble Kneipen, verprügelte auf der Straße Leute, beraubte Läden. Die Beute versteigerte er in seinem Palast. Schließlich ließ er Menschen, deren Gesichter ihm nicht gefielen, ohne Urteil hinrichten. Vom Mittag bis zur Mitternacht dehnte er seine Mahlzeiten aus. Freudenmädchen und Tänzerinnen aus der ganzen Stadt bedienten ihn beim Tafeln. Stolz und wohlgefällig sagte Nero: *„Kein Fürst hat vor mir gewusst, was er sich alles erlauben kann.“*

14 Jahre lang ertrug die römische Welt diesen Herrscher. Am achten Jahrestag der Ermordung seiner Mutter erfuhr der Kaiser schließlich von einem Aufstand der Gallier unter Führung von Julius Vindex. So als ahne Nero seinen Sturz und als könne er das Ende sowieso nicht abwenden, verhielt er sich merkwürdig passiv. Als er aber erfuhr, dass auch ganz Spanien abgefallen war, fiel er in Ohnmacht und blieb wie tot liegen. Schließlich kam er zur Besinnung, zerriss seine Kleider, schlug sich vor den Kopf und beklagte sein Schicksal. In Panik plante der Kaiser, den gesamten Senat zu vergiften, alle Heerführer ermorden zu lassen, Rom noch einmal in Brand zu stecken und gleichzeitig die wilden Tiere auf das Volk loszulassen, um alle Löschmaßnahmen zu verhindern.

Dann wollte er auf den Thron verzichten, nur noch Dichter und Sänger sein. Von einer Giftmischerin ließ er sich ein Gift bereiten, hatte aber nicht den Mut, es zu schlucken. In Trauerkleidern wollte er vor das Volk treten und es um Verzeihung für sein ganzes Leben anflehen. Als er erfuhr, dass der Senat Befehl gegeben habe, ihn mit Ruten zu Tode zu prügeln, ergriff er zwei Dolche, um sich das Leben zu nehmen. Einen stieß er sich in die Kehle. Nero war 32 Jahre alt, als er starb. Rom jubelte.

Mit Nero starb das Geschlecht der Nachkommen Cäsars aus. Sein Nachfolger Galba stand weder durch Geburt noch Adoption in Beziehung zum Brandstifter Roms. Der Mann, den viele einen Geizhals nannten, bewährte sich als Statthalter in Afrika, später in Spanien. Als ihn die Nachricht vom Tode Neros erreichte, erfuhr er eine zweite Mitteilung: Der römische Senat hatte ihm den Huldigungs-Eid geleistet. Der Name „Cäsar" war jetzt Titel geworden für den Inhaber der höchsten Macht. Und Galba nahm den Titel eines Cäsaren an. Die Geschichte schreibt den Juni des Jahres 68 nach Christus.

Aber auch Galba machte sich bald unbeliebt. Versprechen hielt der gichtkranke, knauserige Alte nie. Er behandelte Soldaten und Offiziere ohne Achtung und sparte nicht mit Schmähungen. Die erste Truppe, die dem Kaiser den Gehorsam aufkündigte, war das Heer in Obergermanien. Marcus Salvius Otho, der Quästor von Lusitanien – dem heutigen Portugal – hatte sie gegen den unbeliebten Herrscher aufgewiegelt. Galba wurde auf dem Weg zum Capitol von seinen Schächern gestellt. Er hielt den Mördern seinen Hals hin, und rief: *„Vorwärts, stoßt zu, da es doch sein muss."*

Rom, die edle Stadt, sie ist zum Schandplatz, zum Sündenpfuhl, zur eiternden Wunde der Welt verkommen. Völlerei und Perversion, Ehebruch und Knabenliebe, Grausamkeit, Verrat und Unrecht zeigten überall ihre hässliche Fratze auf den sieben Hügeln, die die Welt beherrschten. Caligula, Nero und auch der merkwürdige Galba hatten den Sumpf vorbereitet, in den der neue Kaiser Otho noch tiefer hinein geraten sollte. Zwischen den Jahren 30 und 69 nach Christus stand Roms Barometer der Unmoral am tiefsten. Otho, der geborene Intrigant, stürzte sich 95 Tage nach seiner Inthronisierung in sein Schwert. Soldaten in Germanien hatten ihren

Huldigungs-Eid auf den Feldherren Vitellius geleistet. Aber auch der regierte nur wenige Monate. 69 n. Christus war das unrühmliche „Drei-Kaiser-Jahr“.

Zur Zeit des Augustus war es noch üblich, hohe Staatsämter durch Verdienst zu erlangen, durch Tapferkeit und besondere Taten. Zur Zeit des Claudius war es das beste Mittel, um vorwärts zu kommen, einen Mordanschlag gegen das Leben des Kaisers aufzudecken. Danach war es nur noch wichtig, die Truppen auf seine Seite zu ziehen, um das Kaiserpurpur über die Schultern ziehen zu können.

Die Katastrophe von Pompeji

Die Katastrophe, die am 24. August des Jahres 79 über Pompeji hereinbrach, hat dieser Stadt für ewige Zeiten den Nachruhm gesichert. Pompeji war eigentlich eine eher unbedeutende Stadt Italiens. Die etwa 15.000 Einwohner lebten zum größten Teil von der Landwirtschaft und nie zuvor war der Name ihrer Stadt mit einem historischen Ereignis verknüpft worden. Doch an jenem Augusttag stand eine schwarze, Unheil verkündende Wolke über dem Vesuv, und ein glühender Aschenregen und Ströme von Lava überschwemmten in wenigen Stunden Pompeji und Herculaneum. Die reichen Pompejaner, die Grundbesitzer und die Großkaufleute, die Steuerpächter und die Geldverleiher – sie alle starben.

Die reichen Leute von Pompeji lebten in Dimensionen, wie sie sich heute allenfalls Multimillionäre leisten können. Damals trieben sie einen Aufwand an Dekoration, wie es heute kein Millionär mehr tut. In vielen der Läden Pompejis verkaufte ein freigelassener Sklave die landwirtschaftlichen Produkte seines Herrn. Ehemalige Sklaven brachten es zu Aufsehern, sogar zu Buchhaltern und Vermögensverwaltern. Sie besaßen oft zwei

Eigenschaften, die in der Oberschicht verpönt waren: Erwerbssinn und Fleiß. Manche schafften es sogar, reich zu werden, und das trugen sie gern in der für Römer typischen Weise zur Schau: Sie kauften sich selber Sklaven.

Deutlich erhoben sich viele Freigelassene über das frei geborene Volk: Fischer, Kleinbauern, Tagelöhner, fliegende Händler. Über diesen standen die Handwerker: Schuster, Schneider, Töpfer, Korbflechter, Goldschmiede, Perückenmacher. Das Brot kam überwiegend aus Großbäckereien – fabrikähnlichen Betrieben, wie auch die Ziegeleien es waren und die Tuchmanufakturen, in denen Frauen spannen und webten.

Gefragt waren im übrigen Maurer, Steinmetze, Zimmerleute und Glasschmelzer, Dekorateure und Maler. In den Wohn-, Schlaf-, Speise- und Gesellschaftsräumen der Stadtpalais gab es keine Sessel, keine Zierschränke und Kommoden. In den Schlafräumen standen nur Liegen und Truhen, zum Speisen und Wohnen nur Liegen und kleine Tische. Die Tische meist rund, mit einer Marmorplatte auf drei Bronzebeinen, deren Füße oft als Löwentatzen ausgebildet waren. Aber die Wände waren herrlich. Drei Schichten oder noch mehr aus Kalk, Sand und Marmorstaub wurden auf den Stein aufgetragen, mit Eisenkellen, Glaszylindern und Poliersteinen geglättet und mit einem Tuch blank gerieben. Kein Quadratmeter blieb unbemalt.

Grundfarbe war das satte, braunstichige pompejanisch-rot, gemischt aus Ocker und Eisenoxyd – als Basis und Umrahmung. Bilder der griechischen Götter und römische Helden waren besonders beliebt. In den Schlafzimmern wurden die Wände meist mit deftigen erotischen Szenen geschmückt – eine Schwelgerei in Farbe und Form. So zu wohnen und nicht zu arbeiten, das war der Lebensstil der Reichen. Auf ihren Landgütern verrichteten Sklaven die Arbeit. Was sie ernteten, genügte der Familie des Herrn für ein sorgloses Leben. Zu sparen war noch nicht üblich.

Zu den Reichen zählten auch die Handelsherren. Sie verschifften Wein, Ziegel und eine Spezialität, die überall am Mittelmeer als Delikatesse galt: „Garum“ – eine Würzpaste aus gesalzenem, gekochtem und vergorenem Fisch. Importiert wurden Baumwolle und Marmor aus Ägypten, Datteln aus Palästina und Gänse aus Germanien.

Der legendäre Titus

Zu jener Zeit, als Pompeji in Schutt und Asche sank, saß in Rom ein Flavier auf dem Thron, Titus, der Sohn des Kaisers Vespasian, der in Rom wieder für Sitte und Ordnung gesorgt und die Staatsfinanzen saniert hatte. Vespasian war es, der in Rom den Grundstein zum Kolosseum gelegt hatte und den berühmten Spruch „Pecunia non olet“ – Geld riecht nicht – geprägt hatte, als Titus, sein Sohn, ihm die Einführung einer Latrinensteuer vorwarf. Vespasian war generell recht witzig. Selbst als er eine tödliche Krankheit in sich spürte, scherzte er noch: *„Oh weh, ich glaube, ich werde jetzt ein Gott.“*

Titus wurde nach dem Tod Vespasians im Alter von 40 Jahren Kaiser. Zwei Jahre später, im besten Mannesalter, starb er schon, saß also nur zwei Jahre auf dem Thron. Aber Jahrhunderte lang kündete man von seinem Ruhm. Er war ein Licht am dunklen Himmel der Kaisergeschichte. Er war, wie Sueton schrieb, „die Liebe und das Entzücken des Menschengeschlechts.“

Titus ging aber auch als Zerstörer des jüdischen Tempels, des Tempels des Salomon, in die Geschichte ein. Er belagerte

Jerusalem im Jahre 70. Unterstadt, Oberstadt und Tempel – das waren drei befestigte Einheiten, die einzeln genommen werden mussten. Die Juden kämpften verzweifelt und mit Gottvertrauen. Aber Mauerwerk um Mauerwerk fiel. Lichterloh brannte der Tempel. Da stürzten sich die Priester in die Schwerter der Feinde, töteten sich gegenseitig oder sprangen ins Feuer. *„Allen schien es kein Tod, sondern Sieg, Heil und Seligkeit, unter die Trümmer des Tempels zu geraten und so zu sterben“*, berichtet Cassius Dio im 6. Kapitel seines 66. Buches.

Von Palästina aus eilte Titus nach Rom und trat die Nachfolge seines Vaters an. Nach der Katastrophe von Pompeji ernannte er eine Kommission für die Hilfsaktionen. Den Geschädigten schenkte er Geld. Und das Vermögen derer, die bei dem Ausbruch umgekommen waren und keine Erben hatten, benutzte er für den Wiederaufbau.

Der Kaiser war völlig unbestechlich und sehr freigiebig. Die Einweihung des Kolosseums, das heute noch in Rom bewundert wird, wurde zu einem Volksfest ohnegleichen. Als der Bau im Jahre 80 vollendet war, ließ Titus 100 lang Tage feiern. Das Theater hatte 87.000 Sitzplätze, dazu noch 20.000 Galerieplätze. Es gab 80 nummerierte Eingänge, und die Besucher fanden mit Hilfe von Platzkarten mühelos ihre Sitze. 9.000 Tiere wurden zu Tode gehetzt, dabei traten auch Frauen als Dompteusen auf. Gladiatoren lieferten sich Land- und Seeschlachten. Auch die Bäder, die Kaiser Titus mit großer Geschwindigkeit bauen ließ, die berühmten Titus-Thermen, wurden noch unter seiner Herrschaft fertig gestellt.

Als die großen Einweihungsfeste beendet waren, weinte dieser gerechte und gütige Kaiser, der nie ein Todesurteil unterzeichnet und nie einen Bittsteller weggeschickt hatte. Er ahnte sein Ende. Im Sommer 81 reiste er in das Land der Sabiner, und gleich während des ersten Nachtquartiers überfiel ihn ein Fieber. Titus ließ sich in einer Sänfte weiter tragen, riss aber immer wieder die Vorhänge zurück, sah zum Himmel hinauf und klagte: *„Das habe ich nicht verdient, dass mir das Leben genommen wird. Es gibt keine Tat, die ich zu bereuen habe – ausgenommen eine einzige.“* Historiker vermuten, der Kaiser habe an die unerlaubte Beziehung gedacht, die er mit der Domitia, der Frau seines Bruders, gehabt habe.

Titus starb im selben Landhaus, auf dem alten Familiensitz im Sabinerland, wo auch sein Vater gestorben war, nur 42 Jahre alt. Das ganze Volk trauerte. Der Senat überhäufte den Toten mit Ehrungen. Die Juden aber erklärten, Titus habe der Tod als Strafe für die Zerstörung des Tempels in Jerusalem ereilt. Titus atmete noch, als sein Bruder Domitian nach Rom ritt und sich zum neuen Kaiser ausrufen ließ.

Domitian wollte alle anderen Kaiser vor ihm übertreffen. Er organisierte Schauspiele mit geradezu phantastischer Pracht. Außer den üblichen Seegefechten, Tierhetzen und Gladiatorenkämpfe ließ er Rennen von Zwei- und Vierergespannen und große Gefechte austragen. Etwas ganz Ungewöhnliches waren auch die Gladiatorenkämpfe bei Fackellicht. Außerdem ließ er, wie es schon Nero gepflegt hatte, Frauen gegeneinander kämpfen.

Domitian hatte ein Glatze und einen dicken Bauch, verfasste ein Büchlein über die Haarpflege und schrieb für einen Freund eine Widmung hinein: *„Du siehst, wie ich groß und schön von Gestalt bin, und dennoch erwartet mein Haar das Schicksal des Deinigen. Ich trage es tapfer, denn dies macht mich schon in der Jugend zum Greise. Denk immer daran,* *dass nichts herrlicher ist als Schönheit und nichts vergänglicher.“*

Domitian wurde, je älter er wurde, nach und nach immer grausamer. Angeblich vermied er anfangs jegliches Blutvergießen. Er wollte sogar verhindern, dass Ochsen geopfert wurden. Später aber entpuppte er sich als heimtückischer Herrscher, bestrafte vor allem die vermeintliche Unkeuschheit von Vestalinnen mit dem Tode durch Vergraben bei lebendigem Leib. Die Kirchengeschichte erzählt, dass Domitian auch die Christen verfolgt habe. Flavius Clemens, ein Vetter des Kaisers, der dritte Bischof von Rom, war einer der Märtyrer dieser Verfolgungen, ebenso Flavia Domitilla, die Gattin von Clemens.

Die Feldzüge und Eroberungskriege, die Domitian zur Steigerung seines Ruhmes an der germanischen Grenze im Taunusgebiet, in Britannien und an der unteren Donau anordnete, waren nur deshalb nicht ganz erfolglos, weil er einige tüchtige Heerführer hatte. Wie Nero war er aber eifersüchtig auf die Leistungen seiner Generäle und berief sie deshalb ab, ehe sie zu viel Ruhm sammeln konnten. So erging es auch dem tapferen Agricola, der bis nach Schottland vorgedrungen war.

Diese Regierung konnte nicht von langer Dauer sein. Wo der Kaiser auftauchte, herrschten Angst und Schrecken. Er war verhasst, Verschwörer begannen, seinen Tod zu planen. Er wurde von einem gewissen Stephanus, seinem Verwalter, erdolcht. 15 Jahre lang hatte Domitian despotisch regiert. Nach seinem Ende wurden seine Büsten von den erleichterten Römern zu Boden geschmettert.

Die Mörder Domitians hatten ihrem Opfer nicht die Zeit gelassen, einen Nachfolger zu bestimmen. Und der Senat, der niemals offiziell das Recht der Kaiser anerkannt hatte, den Nachfolger zu bestimmen, aber in der Praxis ihre Wahl stets gut geheißen hatte, ergriff die Chance, jetzt einen aus ihren Reihen zu wählen: Marcus Cocceius Nerva war ein Jurist, der in seiner Freizeit Gedichte schrieb. Aber er besaß weder die Streitsucht der Advokaten noch die Eitelkeit der Dichter. Wahrscheinlich hatte er seine Wahl nicht so sehr seinen Tugenden als seinem Alter zu verdanken, denn er war schon 66 und magenleidend. Das ließ keine lange Regierungszeit vermuten.

Kaiser durch Adoption

Tatsächlich saß Nerva nur zwei Jahre auf dem Thron. Aber die genügten, um die Schandtaten seines Vorgängers wieder gut zu machen. Er rief die Verbannten zurück, verteilte Land an die Besitzlosen, befreite die Juden von den drückenden Geldtributen, die Vespasian über sie verhängt hatte, und schuf Ordnung im Finanzwesen. Als er sein Ende nahen fühlte, versuchte er, einen Nachfolger für den Kaiserthron zu finden, der dem Senat genehm war und den er als Sohn adoptieren konnte, da ihm eigene Kinder versagt geblieben waren. Seine Wahl fiel auf Trajan, einen General, der ein Heer in Germanien befehligte.

48 Jahre war Trajan alt, als er Kaiser durch Adoption wurde und für seine Verdienste vom Senat bestätigt wurde. Das war neu. Das Verfahren hielt sich von nun an 100 Jahre lang und sicherte Rom so von Nerva bis Marc Aurel eine tüchtige Herrscherreihe. Trajan nutzte seine Zeit und baute: öffentliche Gebäude, Seehäfen. Eine Straße durch die Pontinischen Sümpfe, viele Brücken. In Germanien, am Rhein, wurden Kastelle und Flussübergänge errichtet. Eine Straße von Mainz über Heidelberg bis Baden-Baden ist sein Werk. In

Afrika trieb er die Verkehrswege bis an die Wüstengrenze vor. Der Kaiser liebte die Jagd, schätzte Gelage. Er war höflich zu den Senatoren und wagte es sogar, allein durch die Straßen Roms zu spazieren. Das war zu jener Zeit nicht ungefährlich, da sich viel zwielichtiges Volk in der Hauptstadt herumtrieb.

Denn hinter den prächtigen Fassaden der Welthauptstadt verbarg sich oft das bittere Elend. Die meisten Menschen wohnten in teuren Mietwohnungen. Die erste Sorge der meisten Römer galt daher stets dem Geld – doch kaum die Hälfte der Bevölkerung, damals zählte Rom etwa 400.000 Einwohner, arbeitete wirklich dafür. Viele waren mächtigen Gönnern verpflichtet, waren Klienten eines Patrons.

Je größer das Gefolge eines Patrons, desto größer sein Prestige. Solch ein Gefolge konnte auch vor Gericht sehr nützlich sein. Für diese traditionelle Gefolgschaft bezahlte der Patron seine Klienten. Dafür mussten sie allerdings früh an jedem Morgen in sein Haus kommen, um ihm ihre Aufwartung zu machen.

Die zweite Existenzgrundlage war die Getreidespende des Kaisers. Einige Historiker sehen in der Heerschar der Hungerleider den Grund für den späteren Untergang der Weltmacht. Denn wenn der Arbeitstag oder der Bettelgang der Römer gegen Mittag beendet war, wurde der Freizeit gefrönt. Kostenlos oder zumindest so billig, dass es sich jeder leisten kann, waren die größten und populärsten Spektakel: die kaiserlichen Thermen, der Circus Maximus mit den tollkühnen Wagenrennen und das Kolosseum. Auch der ärmste Römer konnte Nervenkitzel und Blutrausch fast zum Nulltarif haben.

Doch am Abend verwandelte sich die Metropole in eine Stadt der Angst. In den unzähligen düsteren, verwinkelten Gassen lauerte die Gefahr. Zwielichtige Gestalten waren unterwegs, trachteten nach Gut und Leben. Der Reiche musste sie zwar wenig fürchten, wenn er spät von einem Fest zurückkehrte, denn ein Trupp Fackeln tragender Sklaven ging ihm meist voraus und sicherte den Weg. Aber lebensbedrohlich waren die Diebe, die auf der Suche nach einem Opfer herumschlichen und auch vor einem Mord nicht zurück schreckten. – In diesem Rom also konnte sich Kaiser Trajan unbehelligt und auch ohne Sklaven bewegen, so geachtet war er.

Nach sechs Friedensjahren wurde in Trajan die Sehnsucht nach dem Leben unter seinen Soldaten wieder wach. Und obwohl er damals schon 60 Jahre alt war, stellte er sich an die Spitze seiner Legionen, um die Grenzen des Reiches bis an den Indischen Ozean zu verlegen. Das Unternehmen gelang. Nach einem Triumphmarsch durch Mesopotamien, Persien, Syrien und Armenien hinterließ er überall römische Provinzen. Auch baute er eine Flotte für das Rote Meer und bedauerte nur, zu alt zu sein, um an eine Eroberung Indiens und des Fernen Ostens zu denken. Auf dem Rückweg nach Rom starb er, mit 64, im Jahre 117 nach Christus.

Der Kaiser auf Reisen

Das Schicksal geht mitunter merkwürdige Wege, um das, was im ewigen Buch des Lebens vorgezeichnet ist, zu erreichen: Hadrian etwa, einer der größten Kaiser der Antike, wurde nur deshalb der Nachfolger Trajans, weil er wahrscheinlich der Geliebte der Kaiserin Plotina war. Sie war seine Tante, wenn auch nur angeheiratet, aber das war im alten Rom niemals ein Hinderungsgrund für die Liebe.

Hadrian bestieg dank ihrer geschickten Regie mit 40 Jahren den Thron, und seine erste Regierungshandlung war, so rasch wie möglich die von Trajan hinterlassene militärische Erbschaft zu ordnen. Er war immer ein Gegner der Kriegspläne seines Vormundes gewesen und beeilte sich nun, die Heere von jenseits des Euphrats, aus Persien und Armenien zurück zu ziehen. Sehr zum Kummer seiner Generäle, die sich um ihre Beute gebracht sahen. Deren Widerstand ließ er gnadenlos brechen. Das heißt, er ließ sie ohne viel Federlesens hinrichten.

Hadrian war ein schöner Mann, groß gewachsen, elegant mit lockigem Haar und einem blonden Bart. Er nahm das Vergnügen, wo es sich ihm bot – ohne Scham und ohne Reue. Er verliebte sich in schöne Mädchen und schöne Knaben, verlor aber in der Liebe niemals den Kopf. Er aß gern und gut, schätzte aber auch gesittetes Zusammensein mit seinen Freunden. Er suchte eher die Gesellschaft von Menschen, die ein gutes Gespräch mehr als den Wein liebten.

Um solche Leute in der Nähe zu haben, gründete er eine Universität und holte die berühmtesten Lehrer seiner Zeit, vor allem Griechen, zusammen. In den Diskussionen war er ein guter Partner. Er akzeptierte Kritik und Widerspruch. Eines Tages, so ist es überliefert, tadelte er Favorinus, einen gallischen Intellektuellen, dass er ihm zu oft Recht gebe. *„Ein Mann, der seine Gründe auf 30 bewaffnete Legionen stützt, hat immer Recht.“*, war die Antwort des geistreichen Philosophen, die dem Kaiser so gut gefiel, dass er sie am nächsten Tag dem Senat erzählte.

Kaiser Hadrian organisierte in Rom alles so perfekt wie möglich, um seiner Lieblingsbeschäftigung, dem Reisen, ungestört nachgehen zu können. Oft war er unterwegs – manchmal fünf Jahre am Stück – und durchstreifte das Imperium bis in seine entferntesten Winkel. In Britannien, an der Grenze zu Schottland ließ er eine antike Maginot-Linie, den Hadrianswall, bauen. In Germanien sorgte er für eine Verstärkung des Limes, denn er wollte bewahren, nicht erobern. Er wusste, dass eine weitere Ausdehnung das Reich gefährden würde.

Unterdessen aber war man in Rom über diese Reisemanie des Kaisers beunruhigt. Böswillige Gerüchte verbreiteten sich, als in der Hauptstadt bekannt wurde, dass der Imperator mit seinem neuesten Günstling auf einem Boot Nil-aufwärts fahre: Einem wunderschönen griechischen Jüngling mit Samtaugen und lockigem Haar, Antinous. Seit Cäsars Zeiten schien es wie ein Verhängnis zu sein: Jedes Mal, wenn sich ein römischer Herrscher nach Ägypten begab, geriet er über ein sentimentales Abenteuer ins Stolpern.

Es scheint, dass Sabina, die Gattin des Kaisers, die ihren Gebieter wie immer begleitete, nicht gegen die Anwesenheit des Antinous protestiert hat. Oder gab sie doch heimlich aus Eifersucht den Auftrag, diesen bildschönen Jüngling im Nil zu ertränken? Geklärt wurde der Tod des Antinous nie, aber für den Kaiser war es ein furchtbarer Schlag. Er soll tagelang um den Geliebten geweint haben. Später ließ er zu Ehren des Toten einen Tempel errichten und um den Tempel herum eine Stadt, Antinoupolis, die besonders zur Zeit von Byzanz groß und mächtig wurde.

Der Mann, der nach diesem Unglück nach Rom zurückkehrte, war nicht mehr der brillante, heitere und joviale Herrscher, der Jahre zuvor von hier aus losgezogen war. Hadrian war menschenscheu geworden, machte sich verbissen über Baupläne her. Er errichtete das Pantheon neu im griechischen Stil. Es blieb das besterhaltene Bauwerk der

Antike bis zu dem Tag, da Papst Urban VII. aus dem Bronzedach seiner Vorhalle über 100 Kanonen und den Baldachin des Hochaltars von St. Peter gießen ließ.

Ein weiteres Meisterwerk hadrianischer Architektur war die Villa, um die dann später der Tivoli entstand. Dort gab es alles: Tempel, Hippodrome, Bibliotheken und Museen. 2000 Jahre lang fanden fremde Heere aller Länder immer noch etwas zum Fortschaffen. Hadrian selbst aber war kaum dorthin übergesiedelt, als ihn eine schwere Krankheit befiel. Sein Körper schwoll unförmig an, Blut floss aus seiner Nase, und er glaubte sein Ende nahe. Jenseits des Tibers hatte er sich ein prachtvolles Grabmal errichten lassen, mit einer besonderen Brücke über den Fluss, die kurz vor der Vollendung stand. Heute wird es die Engelsburg genannt, Jahrhunderte lang die Zuflucht der Päpste. Dort wurde der Kaiser begraben, mit 62 Jahren. Und er erwies Rom einen letzten großen Dienst. Er bestimmte Nachfolger, unter deren Regierung ihm niemand nachzuweinen brauchte: Antonius Pius und Marc Aurel.

Auch das war genial an diesem Kaiser. Der kranke Mann hatte weise über seinen Tod hinaus nicht nur seinen Nachfolger, sondern auch schon dessen Nachfolger bestimmt. Beide erfüllten die Hoffnungen Roms. Das Weltreich war unter diesen Kaisern im Zenit seiner tausendjährigen Geschichte. Nach ihnen segelte die Weltmacht in die trüben Gewässer der Thronwirren und Kaisermorde, in die Germanenstürme und die Untiefen der Angst und des Niedergangs.

Antonius Pius war wirklich ein sehr freundlicher, sehr schöner und auch talentierter Herr. 23 Jahre lang saß er auf Roms Thron und hat während dieser langen Zeit – ganz anders als Hadrian – Italien nie verlassen. Doch hinter dem Glück lauerten die Gefahren. Denn unter seiner Herrschaft erstarkten im Norden die Germanen, im Orient die Parther. In beiden Fällen hätte Antonius vielleicht Präventivkriege führen sollen. Aber der Kaiser hielt einen dauerhaften Frieden für möglich. Vielleicht bekam er später auch deshalb seinen Beinamen Pius, der Fromme. Natürlich verstanden die Römer damals unter „fromm" nicht christliche Frömmigkeit, sondern sittliche Vollkommenheit. Als der Kaiser mit 75 Jahren spürte, dass er sterben musste, ließ er das Symbol seiner Regierung, die goldene Statue der Göttin Fortuna, von seinem Schlafzimmer in das Zimmer seines Adoptivsohnes und Nachfolgers Marcus Aurelius tragen. *„Bedenke immer, dass du bald nimmer und nirgends sein wirst"*, diese Weisheit gab er noch seinem Nachfolger als Rat mit.

Marc Aurel – der glanzvolle Höhepunkt

Kaiser Marc Aurel war ein Philosoph. Ein Denker, ein Weiser, ein Staatsmann, ein großer Heerführer. Deshalb lohnt es sich, ihn näher zu betrachten. Kaiser Hadrian hatte die Fähigkeiten des jungen Marc Aurel schon früh erkannt. Er war sozusagen sein Entdecker. Sonst wäre Marc Aurel wahrscheinlich nur ein Beamter oder Offizier geworden, von dem die Welt nie etwas erfahren hätte.

Schon mit 15 Jahren erhielt Marcus die „toga virilis", das Gewand, das den Jüngling Roms mündig machte. Kaiser Hadrian verheiratete ihn sogleich mit der Tochter des Lucius Ceioius Commodus. Sie hieß Fabia. Aber die Ehe sollte nicht von langer Dauer sein. Als nämlich Hadrian starb, übernahm Antoninus Pius die Erziehung des jungen Marcus und ließ die Kinderehe scheiden. Marcus heiratete dann 23-jährig die Tochter des Antoninus Pius, ein sehr gescheites und schönes Mädchen, die wie ihre Mutter Faustina hieß. Im tiberianischen Palast auf dem Palatin wohnten der Kaiser und sein

Adoptivsohn zusammen, und in den Gesprächen mit dem vornehmen alten Kaiser mag der Prinz viel gelernt haben.

Marc Aurel war ein Stoiker ohne Kompromiss und arbeitete unermüdlich an seiner eigenen Vervollkommnung. Er lebte einfach. Die würdigsten Männer Roms empfing er täglich im kaiserlichen Palast, aber nicht im Staatsgewand, nicht in großen Staatsräumen, sondern ganz schlicht gekleidet in seinem Schlafgemach.

Als Kaiser Antonius starb, war Marcus Aurelius 40 Jahre alt. Es entsprach seiner klugen Bedachtsamkeit, dass er den ebenfalls von Antonius adoptierten Lucius Verus zum Mitregenten machte. Er veilieh ihm den Kaisertitel Augustus und beschloss, völlig gleichberechtigt mit ihm zu herrschen. Der kränkliche Marc Aurel glaubte, allein das Weltreich nicht verwalten zu können. Und damit standen zum ersten Male zwei Kaiser an der Spitze des Weltreiches. Der eine in West, der andere in Ost, erstes Vorbild der späteren Reichsteilung. Aber der Plan misslang. Marc Aurel musste schließlich die ungeheuren Schwierigkeiten, die während seiner Regierung auftraten, ganz allein bewältigen.

Kaum auf dem Thron, begannen die durch Antonius' Milde übermütig gewordenen Perser, Germanen und Briten die Grenzen des Reiches zu bedrohen. Der Kaiser schickte ein Heer unter Lucius in den Orient, aber der Mitregent begegnete schon in Antiochien der schönen Panthea und hatte keine Lust mehr, weiter zu marschieren. Sie war die Kleopatra Antiochiens und Lucius ein zweiter Marcus Antonius, nur ohne dessen Genialität und strategisches Genie.

Marc Aurel reagierte sanft statt mit der Faust auf den Tisch zu schlagen. Er schickte den General Avidius Cassius mit einem fertig ausgearbeiteten Kriegsplan in die Schlacht gegen die Perser. Das hinderte aber den Lucius nicht daran, sich in Rom in einem feierlichen Triumphzug als Sieger feiern zu lassen. Unglücklicherweise brachte er mit der Siegesbeute des geschlagenes Feindes auch ein fürchterliches Geschenk mit: die Pest. Allein in Rom starben daran 20.000 Menschen. Ganz Italien wurde angesteckt, Dörfer und Städte verödeten. Niemand bestellte die Felder, und hinter der Epidemie zeichnete sich das Gespenst der Hungersnot ab.

Marc Aurel war für seine Untertanen nicht mehr nur Kaiser, sondern auch Krankenpfleger. Kaum für eine Stunde verließ er die Lazarette. Zu diesem öffentlichen Unglück gesellte sich für ihn noch ein persönliches. Faustina, die Frau, die ihm Antoninus zur Gemahlin gegeben hatte, war ebenso schön wie treulos. Ganz Rom sprach von ihren ehebrecherischen Eskapaden. Marc Aurel beklagte sich nie. Im Gegenteil. In seinen Selbstbetrachtungen dankte er den Göttern, dass sie ihm eine so gute und ergebene Frau geschenkt hatten. Von den vier Kindern, die dieser Ehe entsprossen, starb ihm eine Tochter, eine andere wurde die unglückliche Frau des Lucius, der sie, die einzig gute Tat in seiner Ehe, vorzeitig zur Witwe machte, als er an einem Schlaganfall verschied.

Von den beiden anderen Kindern, es waren Zwillinge, überlebte nur Commodus. Ein schöner, kräftiger Junge, der aber seine Erzieher zur Verzweiflung brachte, weil er sich vor dem Studium drückte und nur eine Leidenschaft hatte: die Kämpfe in der Arena mit wilden Tieren und Gladiatoren. Nicht umsonst munkelte man in Rom, dass der leibliche Vater ein Gladiator gewesen sein soll. Dazu muss man wissen, dass die vornehmen römischen Damen sich gern von den starken Gladiatoren glücklich machen ließen. Aber Marc Aurel, unerschütterlich in seinem Vertrauen, liebte diesen Sohn zärtlich.

Die Pest in Rom

Pest und Hungersnot hatten aus Rom eine düstere, hoffnungslose Stadt gemacht. Und schon kündigte sich das nächste Unheil an. Diesmal waren es die germanischen Stämme, die im heutigen Ungarn und Rumänien vordrangen und die Grenzen bedrohten. Als Marc Aurel sich selbst an die Spitze seiner Legionäre stellte, um gegen den Feind zu marschieren, lächelten viele Römer skeptisch beim Anblick dieses zarten, kränklichen Mannes, der eine besondere Diät einhalten musste und nicht nach einem mitreißenden Truppenführer aussah. Sie irrten. Selten kämpften die römischen Legionen mit so viel Mut und so viel Hingabe wie unter dem Kommando dieses Kaisers. Sechs Jahre lang führte Marc Aurel, der Mann des Friedens, einen Krieg nach dem anderen. Er siegte über Quaden, Langobarden, Markomannen und Sarmaten.

Doch wenn er nach einem heißen Kampftag allein unter seinem einfachen Soldatenzelt saß, öffnete er das Heft seiner „Selbstbetrachtungen“ und schrieb Sätze wie diese: *„Eine Spinne, wenn sie eine Mücke gefangen hat, bildet sich ein, wer weiß was getan zu haben, und so der Soldat, der einen Sarmaten gefangen hat! Und dennoch sind beide nur simple Räuber.“* – Aber am nächsten Morgen machte er sich wieder daran, weiter gegen die Sarmaten zu kämpfen.

Während Marc Aurel in Böhmen eine Reihe von glänzenden Siegen erfocht, erhob sich Avidius Cassius in Ägypten und ließ sich zum Kaiser ausrufen. Es war jener General, der mit dem Kriegsplan des Kaisers den entscheidenden Sieg über die Perser errungen hatte. Marc Aurel war daher gezwungen, einen schnellen und großmütigen Frieden mit seinen Gegnern zu schließen und nach Rom zu eilen, wo er dem Senat erklärte, er wäre bereit, auf den Thron zu verzichten, wenn man es wünschte.

Aber seine Abdankung wurde einstimmig zurückgewiesen, und der Kaiser machte sich auf, dem rebellischen General entgegen zu ziehen. In Griechenland überraschte ihn die Nachricht, dass Cassius von seinen eigenen Soldaten umgebracht worden war. Marc Aurel hatte es stets bedauert, dass er nicht mehr Gelegenheit hatte, ihm zu vergeben. So großmütig war dieser Kaiser, dass er sogar seine Feinde liebte. Widerwillig ließ er den Triumph über sich ergehen, bestand aber darauf, Commodus mit einzubeziehen, der mittlerweile wegen seiner Vorliebe für grausame Gladiatorenkämpfe und seiner unflätigen Redeweise schon eine traurige Berühmtheit erlangt hatte.

In der Hoffnung, seinen Sohn von seinen ungesunden Leidenschaften abzulenken, nahm er ihn auf seine Feldzüge gegen die Germanen mit. Wieder führte er seine Legionen bis an die Schwelle des Sieges, als er in Wien schwer erkrankte. Fünf Tage hindurch verweigerte er Speise und Trank. Am sechsten stand er auf, zeigte den Umstehenden Commodus als den neuen Kaiser und legte ihm vor der versammelten Truppe ans Herz, die Grenzen des Reiches bis an die Elbe zu verlegen. Dann kehrte er auf sein Lager zurück, zog das Laken über sein Antlitz und erwartete den Tod.

Marc Aurels „Selbstbetrachtungen“, die er in griechischer Sprache im Feldherren-Zelt geschrieben hatte, sind uns erhalten. Kein großes literarisches Werk, aber das ethisch reinste Dokument, das uns die antike Welt hinterlassen hat. In dem Augenblick, da das Gewissen Roms am Erlöschen war, erhob es sich in diesem Kaiser noch einmal zu leuchtendem Glanz.

Der trügerische Commodus

Wir wissen nicht, wie es damals wirklich war.
Aber etwa so könnte es gewesen sein:

Im Heer hatte der draufgängerische Commodus viele Bewunderer. Sie setzten große Hoffungen in den Haudrauf.
Phillippus: Der Kaiser ist tot, Decius, die schlechten Säfte in seinem Körper haben ihn zum Gott gemacht.
Decius: Ja, Marc Aurel starb in der Fremde, in diesem verfluchten Germanien, wo die Tage entsetzlich und die Nächte furchtbar sind. Nur die Aussicht auf reiche Beute hält mich in diesem Barbarenland.
Phillippus: Decius, ich prophezeie Dir, mit des Kaisers Erben Commodus werden wir diese Barbaren bis ins Nordmeer treiben. Wir werden ihnen ihr Gold entreißen und ihre Frauen und Kinder auf dem Sklavenmarkt verkaufen. Und dann, Decius, setze ich mich zur Ruhe. Pflanze Wein und Olivenbäume an und werde meine kalten Knochen von der Sonne der Heimat wärmen lassen.
Decius: Ja, Commodus, dieser strahlende Held Roms wird uns von Sieg zu Sieg führen. Er ist stark wie ein Bär und schlau wie ein Fuchs. Hast Du gesehen, Phillipus, wie er gestern ein dutzend Germanen zu Wotan, ihrem Gott geschickt hat? Er führt das Schwert wie kein zweiter.
Phillippus: Ja, Commodus wird uns alle reich machen. Und wenn wir dann im Triumphzug in Rom einziehen, werden die Vestalinnen uns Lorbeerkränze winden und die Dirnen Sonderschichten einlegen. Decius, ich sage Dir, die Götter meinen es gut mit uns.
Decius: Es wurde auch Zeit. Seit Monaten ziehen wir durch dieses finstere, feindliche Land. Es mangelt mir nicht an Mut, diesen Barbaren auf's Haupt zu schlagen, aber meine Geduld geht zur Neige.

Phillippus: Commodus ist nicht so ein Zauderer wie sein Vater, der Kaiser. Er, der den Kampf so liebt, wird ihn auch suchen.
Decius: So sei es. Ich kann es kaum erwarten, den Göttern in Rom aus Dankbarkeit zu opfern.

Der Truppe gefiel dieser raufltustige, skrupellose, trink- und genussfreudige junge Mann, weil sie ihn für militärischer als den dahingegangenen Kaiser hielten. Groß war daher die allgemeine Verwunderung und Enttäuschung, als Commodus, statt den siegreichen Feldzug weiter zu führen, einen übereilten und äußerst ungünstigen Frieden schloss. Zum zweiten Male wurden die unruhigen germanischen Stämme wie durch ein Wunder gerettet, und die Römer sollten später teuer dafür bezahlen.

Commodus war kein Feigling, aber die einzige Kampfart, die ihm gefiel, war die im Zirkus gegen Gladiatoren oder wilde Tiere. Er frühstückte morgens nicht, ehe er nicht seinen ersten Tiger erlegt hatte, und da in Germanien keine Tiger aufzutreiben waren, hatte er es eilig, wieder nach Rom zu kommen, wo ihm jeden Monat neue von den Statthaltern des Orients geschickt wurden. Commodus war, man muss es wohl so sagen, ein öffentliches Verhängnis. Ein großer Trinker und Spieler, und er hielt sich einen gewaltigen Harem von jungen Mädchen und Jünglingen, liebte aber wohl nur eine einzige Frau wirklich: eine gewisse Marcia, eine Christin, die so ihre Glaubensbrüder vor Verfolgungen schützte.

Die schlimmste Zeit der Regierung des Commodus begann, als einige Spitzel den Kaiser vor einer angeblichen Verschwörung seiner Tante Lucilla, der Schwester seines Vaters, warnten. Ohne sich auch nur zu bemühen, Beweise für diese schwere Anklage zu suchen, ließ er sie einfach erschlagen. Doch war das nur der Auftakt zu viel größeren Gemetzeln, die von Cleander, dem Kommandeur der Prätorianer, geleitet wurden. Wieder, wie zu Zeiten Domitians, begann die Bevölkerung unter den Ausschreitungen dieser Polizeitruppen zu leiden.

Vielleicht mehr aus Angst als aus Mut, rotteten sich eines Tages die Römer zusammen, belagerten den Kaiserpalast und forderten den Kopf Cleanders. Commodus hatte keine Bedenken, ihn sogleich der Volkswut zu opfern und setzte an seine Stelle Lätus, einen gerissenen Offizier, der sofort erkannte, dass ihm hier nur die Wahl blieb, sich entweder vom Pöbel umbringen zu lassen, um es dem Kaiser recht zu machen, oder vom Kaiser, um dem Pöbel zu gefallen.

Der Mann entschied sich für eine dritte Lösung: den Kaiser selbst aus dem Wege zu schaffen. Er zog Marcia ins Vertrauen, und sie verabreichte Commodus ein vergiftetes Getränk. Daraufhin erwürgten ihn die beiden im Bade, denn der erst 30-jährige Kaiser besaß ungewöhnliche Widerstandskraft. Man schrieb den 31. Dezember des Jahres 192, und von da an begann die große Anarchie.

Zuerst ernannten die Senatoren, glücklich über den Tod des Commodus, einen der ihren zu seinem Nachfolger: Perinax. Der aber war wenig begeistert über diese Ehre. Der neue Kaiser ging als erstes daran, die Finanzen wieder in Ordnung zu bringen, was mit Einsparungen verbunden war und die prätorianische Garde verärgerte. So war es nicht überraschend, dass man Perinax schon zwei Monate nach seiner Ernennung erdolcht auffand. Die Garde erklärte, dass nun der Thron meistbietend zu haben sei.

Ein friedlicher, milliardenschwerer Bankier, Didius Julianus, saß nichts ahnend beim Mahl, als ihm Gattin und Tochter, von Ehrgeiz geplagt, die Toga umwarfen und ihn bestürmten, sich so schnell wie möglich um den vakanten Thron zu bewerben. Zögernd, aber offensichtlich mehr seine Frauen als die Ungewissheit der Kaiserwürde fürchtend, begab er sich zu den Prätorianern, bot pro Kopf 5.000 Drachmen und wurde akzeptiert.

Der Senat war zwar tief gesunken, aber doch noch nicht so weit, um einen derartigen Handel gut zu heißen. Heimlich sandte er verzweifelte Botschaften an die in den Provinzen stationierten Generäle, und von diesen kam, sah und siegte Septimius Severus, weil er das Doppelte wie Julianus versprach. Flugs wurde der Bankier von den Prätorianern im Bade ermordet.

Septimius übernahm also die Macht, ließ seine Gegner hinrichten und verwandelte das Kaisertum endgültig in eine erbliche Monarchie militärischer Prägung. Er war ein schöner Mann, Anfang der 50 und von guter Gesundheit, ein ausgezeichneter Stratege und geistreicher Gesprächspartner. Er wandte sich nur an den Senat, um Befehle zu erteilen, und führte während seiner ganzen Regierungszeit fast ununterbrochen Krieg. Mit Söldnertruppen focht Septimius nicht nur siegreiche Schlachten, sondern befestigte auch die Grenzen des Reiches und hielt die Garnisonen in ständiger Übung. Im Jahre 211 überraschte ihn in Britannien der Tod. Und er, der einst Marc Aurel kritisiert hatte, weil er Commodus als seinen Nachfolger bestimmt hatte, bezeichnete nun seine Söhne Caracalla und Geta als seine Erben. Denen schärfte er ein: *„Spart nie am Sold für Eure Soldaten und setzt Euch über alles Übrige hinweg.“*

Ein unnötiger Rat. Caracalla und Geta setzten sich sowieso über alles hinweg. Sie legten sogar dem Arzt nahe, das Sterben ihres Vaters etwas zu beschleunigen. Von den beiden wurde Caracalla ein zweiter Commodus und es dauerte nicht lange, bis er dies aller Welt vor Augen führte. Zornig darüber, dass er seine Macht mit dem jüngeren Bruder teilen sollte, stellte er ihm eine Falle und ermordete ihn. Geta starb blutüberströmt im Schosse seiner Mutter. Doch damit nicht genug. Caracalla verurteilte weitere 20.000 Bürger zum Tode, weil er sie verdächtigte, auf Seiten des Ermordeten gestanden zu haben.

Caracalla war kein unintelligenter Mann, er war nur vollkommen amoralisch. Jeden Morgen wollte er einen Bären vorgeführt haben, um sich im Kampf mit ihm zu messen und seine Muskeln in Übung zu halten. Zu Tisch saß er mit einem Tiger und nachts schlief er zwischen den Tatzen eines Löwen. Er weigerte sich, die Senatoren zu empfangen, die seine Vorzimmer bevölkerten, aber den Soldaten gegenüber zeigte er sich immer leutselig und überschüttete sie mit Gunstbeweisen. Er dehnte das Bürgerrecht auf alle männlichen Einwohner des Imperiums aus, aber nur, um auch von ihnen Erbschaftssteuer einzuziehen, die sonst lediglich römische Bürger zahlen mussten.

Mit Politik beschäftigte sich Caracalla wenig. Das überließ er seiner Mutter, die sich darauf verstand. Sie war es, die die Korrespondenz erledigte und Minister und Gesandte empfing.

Eines Tages erzählte ihm jemand von Alexander dem Großen, und das begeisterte ihn so, dass er beschloss, ihm nachzueifern. Er rekrutierte eine „Phalanx“, bewaffnete sie wie die Soldaten seines Helden und zog mit ihnen gegen die Perser. Doch im Kampfgewühl vergaß er, General zu sein, weil er viel lieber als einfacher Soldat den Gegner im Zweikampf stellte. Irgendwann hatten seine Legionäre genug von diesen ziellosen Kämpfen ohne Beute und erdolchten ihn.

Ulia Domna, seine Mutter, die nun alles, Mann, Thron und Söhne verloren hatte, wurde nach Antiochien deportiert und starb dort freiwillig den Hungertod. Doch sie hatte eine ehrgeizige Schwester, Julia Mäsa, die von ihren beiden Töchtern zwei Enkel besaß. Der eine hieß Varius Avitus und war unter dem Pseudonym Eleagabal Priester im syrischen Emesa, woher die Familie der Kaiserin stammte. Der andere hieß Alexander und war noch ein Kind. Julia Mäsa ließ das Gerücht ausstreuen, dass Eleagabal der natürliche Sohn des ermordeten Kaisers sei, und die Legionäre, die sich unterdessen in Syrien zu der dortigen Religion bekehrt hatten, sahen in dem 14-Jährigen den Vertreter des Sonnengottes, erhoben ihn zum Kaiser und brachten ihn in einem Triumphzug nebst Mutter und Großmutter nach Rom.

So sah Rom an einem Frühlingsmorgen des Jahres 219 wohl den seltsamsten aller Kaiser in seine Mauern einziehen. Einen in rote Seide gekleideten Knaben mit geschminkten Lippen, geschwärzten Wimpern, Perlenketten am Hals, Smaragdreifen an Handgelenken und Knöcheln und einer Diamantenkrone im Haar. Aber sie jubelten ihm trotzdem zu, denn es konnte sie schon gar nichts mehr erschüttern.

Wieder war der wirkliche Kaiser eine Frau: Großmutter Julia Mäsa, die Schwester der vorangegangenen Kaiserin. Für Eleagabal war der Thron nur ein Spielzeug. In seiner kindlichen Unschuld liebte er es, kleine, aber harmlose Streiche zu spielen, sich mit Tombolas, Lotterie oder Kartenspiel zu vergnügen. Natürlich gefiel ihm auch das gute Leben, und er gab Wahnsinnssummen dafür aus. Eleagabal reiste nie mit weniger als 500 Wagen, und für eine Flasche Parfüm war er bereit, ein Vermögen zu opfern.

Als ihm ein Wahrsager prophezeite, dass er eines gewaltsamen Todes sterben würde, leerte er die Staatskassen, um die raffiniertesten Instrumente des Selbstmordes zu erstehen: ein Schwert aus purem Gold, Seidenschnüre, brillantenbesetzte Schatullen für das Schierlingskraut und andere teure Narreteien. Eines Tages ließ er sogar den von seinem Volke angebeteten Meteor, einem Heiligtum ähnlich dem in Mekka, nach Rom bringen, erbaute einen Tempel darüber und erklärte den Juden und Christen, er wolle ihre Religion als Staatsreligion anerkennen, wenn die einen Jehova, die anderen Jesus durch seinen Meteor ersetzen würden.

Großmutter Mäsa begriff schlussendlich, dass ein solcher Enkel die Fortdauer der Dynastie bedrohte, und überredete ihn, seinen Vetter Alexander als Adoptivsohn anzunehmen und ihm den Titel eines Cäsaren unter dem pompösen Namen Marc-Aurel Severus Alexander zu verleihen. Danach ließ sie Eleagabal und seine Mutter, die eigene Tochter, umbringen.

Es klingt seltsam, aber diese schrecklich nette Familie brachte auch einen Heiligen hervor. Alexander Severus, damals 14, lernte fleißig, schlief auf einem harten Lager, aß und trank maßvoll, wusch sich auch im Winter mit kaltem Wasser, zog sich wie ein gewöhnlicher Sterblicher an und hatte von seinen Vorgängern nur eines geerbt: Unparteilichkeit jeder Religion gegenüber und eine besondere Sympathie für Juden und Christen. Ihr Leitspruch: „Füge Deinem Nächsten nichts zu, was Du nicht von ihm erleiden willst“, ließ er an vielen öffentlichen Gebäuden einmeißeln. Während sich Alexander also eher mit philosophischen Dingen befasste, regierte Mutter Mammäa das irdische Reich.

Als die Perser sich wieder einmal drohend an den Grenzen des Reiches erhoben, zog sie ihnen, zusammen mit ihrem Sohn, an der Spitze des Heeres entgegen. Noch bevor die Schlacht begann, sandte Alexander dem feindlichen König ein Schreiben, in dem er ihn zu bewegen suchte, nicht anzugreifen und Frieden zu schließen. Die Perser nahmen dies für ein Zeichen der Schwäche, eröffneten die Schlacht und wurden geschlagen.

Später versuchte der Kaiser, immer auf den Pfaden des Friedens wandelnd, wenigstens die Kämpfe mit den Germanen zu vermeiden. Und hier beging er einen entscheidenden Fehler: Als er in Gallien den germanischen Unterhändlern begegnete, bot er ihnen einen jährlichen Tribut für ihren Rükkzug an. Für diesen psychologischen Irrtum musste er bitter büßen. Zwar waren auch die Legionäre nicht mehr allzu begeistert von den ewigen Schlachten, aber noch weniger waren sie bereit, den Frieden zu erkaufen. Empört über die Handlungsweise ihres Kaisers töteten sie Alexander, seine Mutter und das ganze Gefolge. Und dann taten sie das, was inzwischen guter Brauch geworden war: Sie riefen einen neuen Kaiser aus. Den General Julius Maximinus. Man schrieb das Jahr 235.

Die Zeit der Soldatenkaiser

Die Anarchie, die auf Alexander Severus` Tod folgte, dauerte 50 Jahre, bis zur Thronbesteigung Diocletians. Es war die Zeit der Soldatenkaiser. Die meisten regierten nur kurz und wurden dann umgebracht. Der einzige bemerkenswerte von ihnen war lediglich Valerian, der als einziger römischer Kaiser in persische Gefangenschaft geriet und dort nach Jahren entwürdigender Haft starb. Es passt zu der Verkommenheit damaliger römischer Herrscher, dass sein Sohn Gallienus keinen Finger rührte, um seinen Vater gegen ein Lösegeld freizukaufen. Doch auch ihn brachten die Soldaten nach einer siegreichen Schlacht gegen die Sarmaten und Skythen um. Sein Nachfolger, Claudius II., ein tüchtiger Feldherr, starb an einer Seuche. Man schrieb inzwischen das Jahr 250.

Da bestieg endlich ein großer General den Kaiserthron. Er hieß Domitius Aurelianus, war der Sohn ärmlicher Bauern aus Illyrien und wurde von seinen Soldaten „die Hand auf dem Schwert" genannt. Er begriff sofort, dass es unmöglich war, gegen alle Feinde gleichzeitig Krieg zu führen, und versuchte deshalb auf diplomatischem Wege, den einen oder den anderen auf seine Seite zu ziehen. Aber er wusste auch, dass Diplomatie allein nicht genügte. So gab er den Befehl, alle Städte des Imperiums mit einer Mauer zu umgeben. Eigentlich kann man mit dieser Maßnahme den Beginn des Mittelalters datieren, denn jede Stadt hatte fortan sich selbst zu verteidigen. Rom hatte als zentrale und dominierende Macht aufgehört zu existieren.

Domitius Aurelianus versuchte auch, den religiösen Konflikt, der sein Land spaltete, durch die Errichtung einer neuen Religion zu beheben. Er erfand den Sonnenkult, dem er einen herrlichen Tempel errichtete. Zum ersten Mal wurde die offizielle Religion des römischen Reiches eine monotheistische, auch wenn der Gott, der angebetet wurde, ein Himmelskörper war. Das war ein großer Schritt zum endgültigen Triumph des Christentums. Von diesem einzigen Gott und nicht mehr vom Senat, erklärte Aurelian, sei ihm die Macht verliehen worden. Es war das Prinzip der absoluten Monarchie, des „Gottesgnadentums“, das orientalischen Ursprungs war, sich aber in Europa bis in die Neuzeit halten sollte.

Aber das Volk war noch nicht reif für einen wie ihn, es brachte den Kaiser um wie seine Vorgänger. Sein Nachfolger war Tacitus, ein Nachfahre des berühmten Historikers. Der war schon 75 Jahre alt und hatte nichts zu verlieren. Nur deshalb nahm er die Wahl an und starb, sechs Monate später, friedlich im Bett.

Im Jahre 276 wurde Probus Kaiser, ein echter Träumer. Nachdem er die üblichen Kriege gegen die germanischen Stämme, die gegen die Grenzen drückten, gewonnen hatte, beschäftigte er seine Soldaten mit Bodenverbesserungsarbeiten. Er wollte sesshafte Bauern aus ihnen machen. Doch die Legionäre waren inzwischen Glücksritter und Landsknechte geworden, die sich ihren Lebensunterhalt lieber durch Raub und Mord verdienten. Sie töteten auch ihn. Aber weil es ihnen doch ein wenig Leid tat, setzten sie ihm wenigstens ein Denkmal.

Jetzt war der Boden für Diocletian, den letzten wahren römischen Kaiser, bereitet. Eigentlich hieß er Diocletes und war der Sohn eines dalmatinischen Freigelassenen. Seine Klugheit zeigte sich schon allein darin, dass er danach strebte, Kommandant der Prätorianer zu werden. Er allein hatte begriffen, dass man zum Cäsarenthron nicht über die übliche militärische oder bürokratische Stufenleiter kommen musste, sondern über eine Palastverschwörung. Gleichzeitig hatte er erkannt, dass man, einmal auf dem Thron, Rom so schnell wie möglich den Rücken kehren musste, wollte man nicht enden wie die Soldatenkaiser vor ihm.

Rom ist nicht mehr Hauptstadt

Und so war seine erste, sensationelle Entscheidung als Kaiser, die Hauptstadt offiziell von Rom nach Nicomedien in Kleinasien zu verlegen. Natürlich waren die Römer empört, aber Diocletian begründete seinen Entschluss mit militärischen Notwendigkeiten: Rom läge zu weit ab, das Hauptquartier müsse näher an der Grenze liegen. Aus diesen Gründen teilte er auch die Macht. Er selbst, mit dem Titel eines Augustus und dem Gros des Heeres, kümmerte sich um die Ostgrenze. Maximianus, ein tüchtiger General, ebenfalls mit dem Titel Augustus versehen, erkor Mailand zu seiner Residenz. Beide wählten sich einen Cäsaren als Adjutanten.

Diocletian erkor Galerius, der seine Zelte in Mitrovitza, dem heutigen Jugoslawien, aufschlug, während Constantius Chlorus, der Cäsar des Maximianus, nach Trier in Germanien zog. So entstand die so genannte Tetrarchia, an der Rom keinen Anteil mehr hatte. Sie war lediglich die größte Stadt eines Imperiums geblieben, das von Tag zu Tag weniger römisch wurde. Zwar blieben da noch Theater und Zirkusse, die Paläste der Reichen, der Klatsch, die Salons der Intellektuellen, aber der Kopf und das Herz waren ausgewandert.

Die beiden Herrscher, Diocletian und Maximianus, verpflichteten sich feierlich nach 20 Jahren zugunsten ihrer Cäsaren abzudanken, denen unterdessen jeder die eigene Tochter zur Frau gegeben hatte. Diocletian startete jetzt, man kann es so nennen, ein sozialistisches Experiment. Das Geld wurde auf einer Goldbasis festgelegt, die 1000 Jahre unverändert bleiben sollte. Die Bauern wurden an ihre Scholle gebunden und zu Leibeigenen, Arbeitern und Handwerkern in Korporationen gezwängt, die sie nicht verlassen durften. Waren wurden an Sammelstellen gestapelt. Er führte auch eine Preiskontrolle ein, und so wurde im Jahre 301 jenes berühmte Edikt erlassen, das noch heute ein Musterbeispiel für eine gelenkte Wirtschaft ist. Alles war darin vorgesehen und geregelt, außer der natürlichen Neigung des Menschen, dem Zwang auszuweichen und Hintertüren und Schleichwege zu finden. Diocletian verstärkte seine Kontrollbehörde. Der Liberale Lactantius klagte: *„In unserem Imperium ist von zwei Bürgern unweigerlich einer ein Beamter."*

Kontrolleure, Vertrauensleute und Oberaufseher wurden immer mehr. Trotzdem wurden die Waren den Sammelstellen entzogen und auf dem schwarzen Markt gehandelt, Flucht aus den Korporationen war an der Tagesordnung. Dagegen setzte es Arreste und Geldstrafen, Millionenvermögen wurden vom Fiskus geschluckt. Und zum ersten Male in der Geschichte Roms flüchteten römische Bürger jenseits des damaligen „eisernen Vorhanges", des Limes, um bei den so genannten Barbaren, den Germanen, Zuflucht und Staatsbürgerschaft zu suchen. Die Dinge hatten sich zum Schlechten gewendet, ein untrügliches Zeichen für das bevorstehende Ende.

Trotz der zweifelhaften Wirkung gab es außenpolitische Erfolge. Constantius Chlorus und Galerius brachten die römischen Adler wieder nach Britannien und Persien, und auch im Inneren herrschte Ruhe – allerdings die Ruhe eines Friedhofs. Zum ersten Mal besaß der Kaiser einen richtigen Hof mit einem ins Kleinste festgelegten Zeremoniell, zu dem auch der Fußfall gehörte. Diocletian führte als kaiserliches Kleidungsstück ein seidenes, Gold besetztes Purpurgewand ein, ähnlich dem, das Eleagabal getragen hatte, und ließ sich „Dominus", Herr, nennen. Er führte sich, kurz gesagt, wie ein byzantinischer Kaiser auf, noch bevor die Hauptstadt endgültig nach Byzanz verlegt wurde.

Die Verfolgung der Christen

Wir wissen nicht, wie es damals wirklich war.
Aber etwa so könnte es gewesen sein:

Diocletian kümmerte sich nicht nur um die (Plan-)Wirtschaft, er versuchte auch den Glauben seines Volkes zu regeln, er wollte das Christentum abschaffen. Sehr zum Unwillen seiner Untertanen, wie man an diesem Dialog sehen kann:
Maria: Gabriel, mein lieber Bruder, sag' mir, woher soll ich die Stärke nehmen und mich verweigern, wenn des Kaisers Häscher mich zwingen, dem Heiland abzuschwören?
Gabriel: Wir sind alle in Gottes Hand. Der Herr wird Dir den Mut schenken, den Kräften des Bösen zu widerstehen.
Maria: Du meinst, unser Herr Jesus wird bei mir sein, wenn das glühende Eisen meine Eingeweide durchbohrt, wenn die Tiere meinen Körper zerreißen oder wenn ich, es wäre die schlimmste aller Todesarten, auf dem Scheiterhaufen verbrenne?
Gabriel: So ist es. Die Gnade des Herrn ist wunderbar. Auch er ist für uns gestorben, auf dem Berge Golgatha, am Kreuz.
Maria: Ich schäme mich ja so, nur ein schwaches Weib zu sein.
Gabriel: Du musst Dich nicht schämen. Der Herr prüft unsere Seele, bevor wir für immer ins Paradies gelangen dürfen.
Maria: Wo süße Früchte im Überfluss auf den Bäumen der Erkenntnis wachsen und die Engel mit ihrer Harfenmusik unser Gemüt erfreuen?
Gabriel: Der Herr ist mit uns, er weist uns den Weg ins Paradies, aus dem einst Adam und Eva vertrieben wurden.
Maria: Dann lass uns gleich zum Statthalter gehen, Gabriel, lass uns dort unser Bekenntnis ablegen.

Gabriel: So sei es. Das irdische Leben ist ein Jammertal. Wir aber, Maria, können glücklich sein. Bald werden wir im Angesicht unseres Herrn stehen. Ich kann es kaum erwarten.

Diocletian sah in den Christen eine Gefahr für das Imperium. Zwei Jahre vor seiner Abdankung begann er, sie gnadenlos zu verfolgen. Beamten und Heeresangehörigen wurde befohlen, den Göttern zu opfern. Wer sich weigerte, wurde zunächst entlassen, später getötet. Ganze Heerscharen von Märtyrern erwuchsen damals. Diocletian manövrierte sich durch seine Christenverfolgung dabei in eine schwierige Lage. Sogar seine Gattin Prisca und seine Tochter Valeria waren von den Ideen der neuen Religion überzeugt. Selbst die Palastdienerschaft, die noch nicht opfern wollte, starb den Märtyrertod. Für Prozesse war keine Zeit. Ohne Urteil, ohne Recht wütete der Henker.

Zu den berühmtesten Märtyrern der Zeit damals gehören der heilige Sebastian und die heilige Agnes in Rom, die heilige Lucia in Syrakus, die heilige Katharina in Alexandrien und die heilige Barbara in Nicomedia. Wenn die Christen die Opfer ihres Glaubens beigesetzt hatten, ließ man sie ausgraben und ins Meer werfen, damit nicht die Verehrung dieser Toten der christlichen Religion neue Gläubige zuführte. Als menschlich galten jene Statthalter, die die Christen schnell und möglichst schmerzlos hinrichten ließen. Und es gab Gläubige, besonders Frauen, die den Henker geradezu bestürmten, sie zu martern. Andere stürzten sich in die Arena vor die wilden Tiere. Wieder andere zwangen die Statthalter, auf sie und ihren Glauben aufmerksam zu werden. Sie alle strebten danach, Märtyrer zu werden. Es war wie ein religiöser Wahn.

Der Afrikaner Arnobius antwortete auf das Wüten des Kaisers folgendermaßen: „*Auch Eure Sache war, als sie begann, neu. Den Wert einer Religion erkennt man aber nicht daran, an welchem Tage man zu verehren beginnt, sondern wen. Ist irgendetwas älter die Ewigkeit das, was sie zur Ewigkeit macht? Dass die unendlichen Zeiten sich entfalten, geschieht dies nicht aus Seiner ununterbrochenen Fortdauer? Aber Eure Götter waren Menschen. Denn wo es Hochzeiten, Ehen, Kindbetten, Ammen, Handwerke, Gebrechlichkeiten gibt, wo der Zustand der Freiheit und der Sklaverei herrscht, wo Wunden, Schläge, Blut, Liebschaften, Sehnsucht und Wollust sind, wo sich alle Gemütsbewegungen aus Unstetigkeit entwickeln, dort kann nichts Göttliches sein.*“

Diocletian dachte anders. Er verehrte die alte Religion, lauschte ängstlich auf die Zeichen der Götter. Ein unbegreiflicher fremder Gott schien ihm gefährlich, das konnte die Rache des altrömischen Himmels zur Folge haben.

Im Jahre 305, nach 20 Regierungsjahren, dankten die beiden Herrscher feierlich, wie versprochen, gleichzeitig in Nicomedien und in Mailand zugunsten ihrer Cäsaren und Schwiegersöhne ab. Diocletian zog sich, erst 55-jährig, nach Spalato zurück, wo er sich einen riesigen, prachtvollen Palast hatte errichten lassen, dessen Überreste noch heute – in Split – zu besichtigen sind. Er verlegte sich auf das Züchten von Kohl und soll mit dieser Beschäftigung überaus zufrieden gewesen sein. Als Maximianus ihn nach einigen Jahren bat, bei einem Erbfolgekrieg einzugreifen, antwortete Diocletian, eine solche Aufforderung könne nur von jemanden kommen, der nie gesehen habe, wie üppig der Kohl in seinem Garten wachse.

Diocletian wurde 63 Jahre alt und niemand hat je erfahren, was er über die Anarchie dachte, die nach seiner Abdankung neuerlich im Reich um sich griff. Und im Tode rächte sich das Christentum an ihm. Der Kaiser, der die römische Welt und Roms Götter retten wollte und der in seinem Mausoleum unter dem Schutz dieser römischen Götter schlafen wollte, wurde als Toter besiegt. Seine letzte Ruhestätte wurde in eine christliche Kirche verwandelt, die Kathedrale von Split. Die berühmte Ironie der Geschichte.

Der große Constantin

Flavius Valerius Constantinus war der uneheliche Sohn von Constantius Chlorus, dem Cäsar des Maximianus und seiner orientalischen Dienerin Helena, die seine Konkubine geworden war. Ganz schön verwirrend, was aber durchaus den Zeitläufen entsprach. Als Constantius Chlorus in Trier zum Cäsar ernannt wurde, hatte ihm Diocletian nahe gelegt, sich von dieser wenig geeigneten Gefährtin zu trennen und Theodora, die Tochter des Maximus, zu heiraten.

Der junge Constantin hatte eine ziemlich oberflächliche Erziehung bei seiner Stiefmutter genossen, doch holte er die Defizite ziemlich schnell bei der Armee auf, der er schon früh beigetreten war. Der andere Augustus in Nicomedien, Galerius, interessierte sich für den begabten Offizier und rief ihn zu sich an seinen Hof. Natürlich steckte der Gedanke dahinter, den jungen Constantin als Geisel in der Hand zu haben, für den Fall einer Auseinandersetzung mit seinem Kollegen in Mailand, der sein Untergebener bleiben sollte und dem er als Cäsar einen gewissen Severus vorgeschrieben hatte. Für sich selber hatte er Maximinius Daja als Cäsar gewählt.

Der junge Constantin, schon früh mit politischem Instinkt ausgestattet, fühlte sich zu Recht am Hofe des Galerius seines Lebens nicht sicher. Da hatte sein Vater einen guten Einfall. Als Galerius einen Kriegszug gegen die Schotten plante, sandte er Boten zu ihm und forderte seinen Kaiser-Kollegen auf, ihm den Sohn für seinen Kriegszug zu Hilfe zu schicken. Galerius war in einer peinlichen Lage. Halten konnte er den Sohn des Rivalen nicht mehr, das wäre offene Feindschaft gewesen. Aber den Wunsch des Constantius zu erfüllen, hätte Handlungsfreiheit für Vater und Sohn bedeutet.

Galerius wählte einen dritten Weg. Er schickte Constantin auf die weite Reise, beauftragte aber seinen Cäsar Severus, den Jungen unterwegs auszuschalten. Constantin ritt heimlich wie ein Verbrecher von Poststation zu Poststation und tötete seine erschöpften Pferde, damit seine Verfolger die Tiere nicht nutzen konnten. In Boulogne, am Meer, vor der Überfahrt nach Britannien, kam es endlich zu der bewegenden Begegnung zwischen Vater und Sohn.

Constantin kämpfte an der Seite seines Vaters gegen die Schotten. Bei den Soldaten – es waren vor allem Germanen – war der junge, gut aussehende, hoch gewachsene Constantin schnell beliebt. Sie sahen in ihm den künftigen Augustus. Das war auch der Wunsch des Vaters, der schon lange kränkelte. Als er starb, erklärte das Söldnerheer den jungen Constantin sofort zum Kaiser. Das geschah am 25. Juli 306. Doch Constantin, der warten konnte, zog klugerweise den bescheidenen Titel eines Cäsars vor. Und Galerius gab im fernen Nicomedien widerstrebend seine Zustimmung zu dieser Ernennung.

Unterdessen aber war über den Titel des Augustus in Mailand zwischen zwei Anwärtern ein Streit ausgebrochen. Eigentlich hätte er Severus, dem bisherigen Cäsar, zugestanden. Doch Maxentius, der Sohn des früheren Augustus von Mailand, Maximianus, der mit Diocletian zusammen abgedankt hatte, bewarb sich ebenfalls um den Titel. Und aus Angst, sich nicht allein durchsetzen zu können, rief er seinen Vater um Hilfe an.

Zusammen marschierten die beiden gegen den Severus, der von seinen Soldaten, die keine Lust hatten zu kämpfen, kurzerhand erstochen wurde. Galerius indes versuchte von Nicomedien aus den Konflikt zu steuern, indem er Licinius zum neuen Augustus von Mailand proklamierte. Daraufhin mischte sich jetzt auch Constantin in den Kampf als Anwärter auf den Thron ein. Das Chaos war perfekt. Es war unausweichlich: Nur eine Entscheidungsschlacht zwischen den Anwärtern Maxentius und Constantin konnte die verworrene Situation klären.

Am 27. Oktober 312 lagen sich Constantin und Maxentius mit ihren Heeren 20 Kilometer nördlich von Rom gegenüber. Mit einem geschickten Schachzug gelang es Constantin, seinen Gegner mit dem Rücken gegen den Tiber zu drängen. Dann sah er zum Himmel auf und erblickte dort ein flammendes Kreuz mit der Inschrift: „In hoc signo vinces. – In diesem Zeichen wirst du siegen." So jedenfalls hat es die christlich eingefärbte Geschichtsschreibung überliefert.

In der Nacht vor der entscheidenden Schlacht hörte Constantin eine Stimme, die ihn mahnte, das Kreuz Christi auf die Schilde seiner Legionäre zu malen. Beim Morgengrauen gab der gewitzte Psychologe den Befehl, statt der Standarte ein Kreuz mit den Anfangsbuchstaben von Christi Namen den Truppen voran zu tragen. Über den Heeren seines Gegners Maxentius wehte das Sonnenbanner, das Symbol der von Aurelian eingeführten neuen Gottheit. Zum ersten Male in der Geschichte Roms wurde ein Krieg im Namen zweier verschiedener Religionen geführt. Das Kreuz siegte und der Tiber, der die Leichen von Maxentius und seiner Soldaten flussabwärts trieb, schien die Trümmer der antiken Welt mit hinweg zu spülen.

Das Christentum wird Staatsreligion

Noch waren die Kämpfe nicht beendet, noch machten Licinius und Maximinius ihm den Sieg streitig. Mit Licinius traf Constantin im Jahre 313 in Mailand zusammen. Das Ergebnis der Verhandlungen war die Aufteilung des Imperiums zwischen den beiden Herrschern sowie der Erlass eines Ediktes, das die Toleranz des Staates gegenüber jeder Religion verkündete und den Christen alle während der Verfolgungen entwendeten Güter zurück erstattete. Maximinius starb zum passenden Moment, er war wohl den vielen Aufregungen nicht mehr gewachsen. Constantin verheiratete seine Schwester mit Licinius. Eine Sitte, die sich noch lange halten sollte, um strategische Bündnisse zu schließen.

Aber der Frieden währte nicht lange, bereits im nächsten Jahr gerieten die beiden Herrscher aneinander. Constantin besiegte ein Heer des Licinius in Pannonien, und dieser hielt sich an den Christen im Orient schadlos, wo er die Verfolgungen wieder aufnahm. Constantin war um diese Zeit noch nicht offiziell zum Christentum übergetreten, doch sahen die Christen in ihm ihren Beschützer und wahrscheinlich war die überwiegende Mehrheit jener 130.000 Soldaten Christen, die unter seiner Führung gegen die 160.000 Verteidiger des Heidentums unter Licinius zu Felde zogen. Sie siegten zuerst bei Adrianopel und dann ein zweites Mal bei Skutari. Licinius ergab sich. Constantin schenkte ihm auf Bitten seiner Schwester, die er ja mit Licinius verheiratet hatte, das Leben. Im Jahr darauf, als Licinius eine Verschwörung gegen Constantin plante, war es mit der Großmut des Herrschers vorbei. Er ließ seinen Schwager töten.

Constantin war eine seltsam komplizierte Natur. Er legte zwar äußerlich stets großen Eifer für das Christentum an den Tag, bewies aber herzlich wenig christliche Nächstenliebe gegenüber seiner Familie. Er schickte zwar seine Mutter Helena nach Jerusalem, um dort den Tempel der Aphrodite zu zerstören, den Gottes lästernde Statthalter über dem Grab des Erlösers gebaut hatten und wo angeblich das Kreuz gefunden wurde, an dem Jesus verschieden war. Kurz danach aber ließ er kaltblütig seinen Sohn, seine Frau und seinen Neffen töten.

Constantin war zweimal verheiratet gewesen. Zuerst mit Minervina, die ihm Crispus zugeführt hatte, einen tüchtigen Offizier, der sich im Kampf gegen Licinius ausgezeichnet hatte. Dann heiratete er Fausta, die Tochter des Maximianus, die ihm drei Söhne und zwei Töchter gebar. Wahrscheinlich wollte Fausta Crispus von der Erbfolge ausschließen und beschuldigte ihn deshalb beim Kaiser, sich ihr mit unseriösen Absichten genähert zu haben. Helena, die Mutter des Constantin, behauptete wiederum, es sei genau umgekehrt gewesen. Um nicht ungerecht zu sein, ließ der Kaiser Fausta im Schwitzbad ersticken. Und Crispus wurde, ohne angehört zu werden, in Dalmatien hingerichtet. Seinen Neffen Licinianus hingegen, einen Sohn seiner Schwester Constantia und des Licinius, verurteilte er wegen Verschwörung zum Tode.

In diese Zeit fällt auch das welthistorische Ereignis der Gründung Konstantinopels als Hauptstadt der Welt. Der Platz hieß immer „Byzanz“ und sollte von nun an den Namen des ersten christlichen Kaisers tragen. Byzanz sollte ein christliches Rom werden, ein Rom des Ostens, und ganz ähnlich dem Vorbild am Tiber wurde auch die neue Stadt angelegt. Am 26. November 326 begannen die Bauarbeiten. Am 11. Mai 330 wurde Konstantinopel schließlich eingeweiht.

Am Ostersonntag des Jahres 337, im 30. Jahr seiner Thronbesteigung, fühlte der große Konstantin sein Ende nahen. Er rief einen Priester an sein Lager, bat um die heiligen Sakramente, entledigte sich der Purpurstola, um das weiße Gewand der Getauften anzuziehen und erwartete ergeben auf das Ende. Sehr clever. So hatte er alle Sünden seines Lebens als Nichtchrist begangen und ging völlig sündenfrei ins Jenseits. *„Dies ist der Augenblick, auf den ich schon längst gehofft habe, danach verlangend und mich sehnend, das Heil in Gott zu finden.“* Dies waren die letzten Worte des Kaisers, bevor er starb und sogleich in einen goldenen Sarg gelegt und aufgebahrt wurde.

Der Streit der Erben

Constantin war der einzige Nachfolger des Augustus, der 30 Jahre lang den Thron innegehabt hatte. Er hatte eine letzte Blüte des Reiches erreicht. Aber er verdarb seine Lebensleistung durch ein wenig durchdachtes Testament, das das Imperium in fünf Teile unter seine Söhne Constantinus, Constantius und Constans sowie seine beiden Neffen Dalmatius und Hannibalianus aufteilte. Dieses Testament ist umso unverständlicher, als er doch selbst gesehen hatte, was die Teilung des Reiches nach der Abdankung Diocletians herauf beschworen und zu welchen Kämpfen sie unter den Kaisern und Cäsaren geführt hatte.

Wie auch immer: Kaum war der große Verstorbene in die Gruft versenkt worden, brachten die Regimenter der neuen Hauptstadt Konstantinopel nicht nur die beiden Neffen des Kaisers, Hannibalianus und Dalmatius, um, sondern auch seinen Stiefbruder und dessen Söhne. Vermutlich war es Constantius gewesen, der dieses Blutbad angeordnet hatte. Er traf sich nun mit seinen beiden anderen Brüdern in

Smyrna, und sie schritten gemeinsam zu einer neuen Teilung. Für sich behielt Contantius den ganzen Orient mit der Hauptstadt Konstantinopel und Thrazien. Constans, als der Jüngste, musste sich mit Italien, Illyrien, Afrika, Mazedonien und Arkadien begnügen und außerdem ein Vasallenverhältnis zu Constantin II. akzeptieren, der für sich Gallien beanspruchte.

Wenn Constantius diese Klausel des Vasallenverhältnisses zu dem Zweck erdacht hatte, damit die beiden Brüder alsbald aneinander gerieten und er dann den Schiedsrichter spielen könnte, so gelang ihm das nur halb. Zwar vergingen kaum drei Jahre, und schon standen sich die beiden Brüder als Feinde gegenüber. Doch schon in der ersten Schlacht exponierte sich der hitzige Constantin so sehr, dass er, in einen Hinterhalt gelockt, fiel. Constans verlor keine Zeit, annektierte ganz Gallien, und Constantius, der auf einen langen, Kräfte zehrenden Krieg zwischen den Brüdern gehofft hatte, sah sich jetzt zwar nur noch einem Rivalen gegenüber. Aber der war jetzt mächtiger als er selbst.

Doch er hatte noch einmal Glück. Constans war zwar ein ausgezeichneter General aber ein miserabler Staatsmann, der seine Untertanen mit Steuern aussaugte und sie durch seinen skandalösen Lebenswandel empörte. Magnentius, ein Kommandant seiner Milizen, brachte ihn schließlich um und ernannte sich selbst zum Kaiser. Vetranio, der die kaiserlichen Truppen in Illyrien befehligte, folgte seinem Beispiel. Und als dritter Kaiser ließ sich Nepotianus, ein Neffe des Getöteten, ausrufen. Constantius hatte also endlich die Berechtigung, im Westen einzugreifen, um Ordnung zu schaffen.

Er stellte sich an die Spitze seiner Soldaten im Kampf gegen die illegitimen Usurpatoren, dabei begleitete er seine militärischen Aktionen mit geschickten diplomatischen Verhandlungen. Denn Diplomatie war seine eigentliche Stärke. Vetranio ging auf Einigungsvorschläge ein und vereinigte seine Truppen mit denen des Ostkaisers. Gemeinsam marschierten die beiden Heere gegen Magnentius, schlugen ihn in Ungarn und verfolgten ihn bis nach Spanien. Dort zwangen sie ihn, sich zusammen mit seinem Bruder Decentius das Leben zu nehmen. So wurde das Imperium wieder unter einem Zepter vereint.

Kurz bevor Constantius starb, zog er gerade gegen seinen übrig gebliebenen Neffen Julian zu Feld. Der war von seinen Truppen zum Kaiser ausgerufen worden, und das muss dem bärbeißigen, alten Imperator imponiert haben. Da er selbst keinen Erben gezeugt hatte, machte er Julian, der ihm offensichtlich Freude bereitete, zum Kaiser. Der junge Mann wollte, so heißt es, die alten heidnischen Riten wieder einführen. Wohl auch deshalb kam er in der Geschichtsschreibung nicht gut weg. Ein großer Herrscher wurde er jedenfalls nicht. Er starb schon bald ziemlich kläglich während eines Feldzuges gegen die Perser.

Wir ersparen uns jetzt das Aufzählen der Kaiser und Gegenkaiser, die in der Folge auftraten und all die byzantinischen Ränke und Giftanschläge. Konzentrieren wir uns auf die wichtigen geschichtlichen Fakten. Als sich im 4. Jahrhundert die Reiterheere der Hunnen in Richtung Europa in Bewegung setzen, flohen die Völker vor ihnen nach Süden und Westen. Rom hatte diesem Ansturm mittlerweile nur noch wenig entgegen zu setzen. Gegen 340 wanderten Ostgoten aus ihren von den Hunnen besetzten Siedlungsgebieten nördlich des Schwarzen Meeres in die Donauregion ab und erzwangen vom Kaiser das Recht, sich im heutigen Bulgarien und Ungarn nieder zu lassen. Sueben, Alemannen und

Burgunder überwanden 406 die römischen Grenzbefestigungen am Rhein und setzten sich in Gallien und Spanien fest. Alarich, der König der Westgoten, verwüstete Oberitalien und plünderte 410 die ewige Stadt – es muss für seine Soldaten wie ein Rausch gewesen sein.

Die Rache der Barbaren

Die Bürger von Rom waren entsetzt und niedergeschlagen über die vernichtende Niederlage gegen die Barbaren. Sie sahen sich und ihre wunderbare Stadt Rom am Ende. Nicht zu unrecht:

Lucius: Der Feind ist über uns gekommen und hat uns zu Bettlern gemacht. Nur das nackte Leben hat er uns gelassen.
Valeria: Was klagst Du, Lucius. Rom war nur noch eine morsche Eiche, gefällt durch einen winzigen Stoß.
Lucius: Wie konnte es nur so weit kommen. Das mächtige, stolze Rom mit all' seinen Schätzen geplündert von diesen rohen Barbaren, eine Bande von Dieben und Mördern.
Valeria: Rom ist verflucht, ein Pfuhl der Sünde und des Lasters. Unsere Altvorderen achteten noch auf Sitte und Tugend. Aber seit Jahrhunderten sind wir ein Volk von Schmarotzern, die ihre Freiheit und ihren Stolz für wenige Sesterzen verkauft haben. Ich sage Dir, Lucius, die Strafe des Himmels ist über uns gekommen.
Lucius: Wir haben uns selbst besiegt, welch Schande, welch Schmach. Der Herrgott ist ein Jude, römische Soldaten haben seinen heiligen Tempel in Jerusalem zerstört. Es ist die Rache des Himmels, die über uns gekommen ist.
Valeria: Papperlapapp. Rom, das große, stolze Rom ist von der Sünde verschlungen worden. Die Schätze von den Barbaren weggeschleppt, die Kornkammern geplündert, die Jungfrauen entehrt. Es gibt keine römischen Männer mehr,

nur noch Memmen, die es nicht wert sind, sich Römer zu nennen.
Lucius: Ich werde diesen Ort des Schreckens verlassen. Nichts hält mich mehr in der blutenden Stadt. Ich habe Verwandte auf dem Land, im Norden, dort werde ich wohl Unterschlupf finden.
Valeria: Gott beschütze Dich, Lucius. Ich werde in diesem verfluchten Ort zugrunde gehen. Ich habe nicht mehr die Kraft, dem Schicksal zu entfliehen. Leb` wohl mein Freund.

Aus dem Gebiet der heutigen Slowakei zogen die Wandalen bis nach Gibraltar, überschritten 429 die Meerenge und eroberten Roms nordafrikanische Provinzen. Abgeschnitten von seinen Kornkammern, Erzminen und Rekrutierungsbasen, kraftlos und ohne Ideale, begann für das einstmals so mächtige Imperium die letzte Phase des Niedergangs. Als 455 der Wandalenkönig Geiserich erneut Rom einnahm, traf er nicht einmal mehr auf Widerstand. Aber die Frage bleibt: Warum verfiel nur das westliche, vorläufig aber nicht das oströmische Reich?

Einen wesentlichen Unterschied gab es: Byzanz besaß die größere innenpolitische Stabilität. Als Kaiser Theodosius II. im Jahr 450 starb, sorgte der Heermeister Aspar für einen raschen Übergang der Herrscherwürde auf Markian und nach dessen vorzeitigem Tod 457 auf Leo I. Danach gab es 17 Jahre lang keinen Wechsel an der Spitze des oströmischen Reiches.

Die Situation im Westen war völlig anders. Irritiert von dessen ständig wachsendem Einfluss, ließ Kaiser Valentinian III. seinen Heerführer Aetius im September 454 ermorden. Armee und Oberschicht waren entsetzt. Aetius war die Hoffnung Roms, ein großartiger General. Der Fluch der bösen Tat aber traf auch den Herrscher. Ein halbes Jahr später erschlugen zwei Getreue des Ermordeten den Kaiser auf dessen Landsitz.

Das Ende

Was folgte, war ein wilder Reigen von Mord und Umsturz und immer neuen Regenten. Ein höllischer Totentanz. In den 20 Jahren bis zum Ende des weströmischen Kaisertums bestiegen neun Herrscher den Thron, von denen nur einer länger als fünf Jahre regierte. Der letzte dieser Kaiser war ein Kind von nicht mehr als sieben Jahren. Romulus Augustulus, als „kleiner Augustus" verspottet, wurde im Oktober 475 von seinem Vater, dem Heermeister Orestes, zum weströmischen Kaiser ausgerufen. Doch schon zehn Monate später stürzte der Germane Odoaker, ein Hauptmann der Kaiserlichen Garde, den Heermeister und übernahm selber die Führung der Armee. Er hielt inzwischen einen Kaiser im Westen für überflüssig.

17 Jahre danach war auch Odoaker am Ende. 493 entmachtete ihn der Ostgotenkönig Theoderich und tötete ihn bei einem Streit. Unter den Ostgoten erlebte Italien – nicht aber Rom – eine kurze Blüte. Mitte des 6. Jahrhunderts aber zerschlug der oströmische Kaiser Justinian nicht nur die Herrschaft der Ostgoten, sondern auch die Strukturen von Staat, Wirtschaft und Gesellschaft im ehemals weströmischen Reich und besiegelte dessen Untergang. Neue Stämme ergriffen die Macht, andere verschwanden. In Gallien stiegen die Franken auf, in Germanien die Bajuwaren und Sachsen. Die Wandalen waren mittlerweile nur noch eine blutige Fußnote der Geschichte. Die Gebiete des ehemaligen weströmischen Reichs sanken herab zu einer Kette von Provinzen

innerhalb des byzantinischen Imperiums, zerrissen von immer neuen Kriegen zwischen Goten, Langobarden und anderen germanischen Stämmen.

Das römische Imperium, begründet durch mutige Bauern, stark geworden durch eine kluge Politik des Teilens und Herrschens, einem mächtigen Heer und der Fähigkeit, die Zivilisation anderer Völker für sich zu nutzen, hatte sich nach 1.000 Jahren selbst entleibt. Kraftlos, führungslos, ohne tragenden Staatsgedanken, war es überflüssig geworden. Zerbrochen von kräftigen Schlägen hungriger Stämme aus dem Norden und Osten. Dieser gewaltigen Kraft hatte das dekadent gewordene Rom nichts entgegen zu setzen. Verfeinerte Lebensart, Luxus und Müßiggang sind keine geeignete Waffe gegen rohe Gewalt.

Letztlich ist Rom nicht von einem äußeren Feind zerstört worden, sondern an einer inneren Krankheit zugrunde gegangen. Ein Unglück für das Abendland. Denn nach dem Untergang des Imperiums versank ganz Europa in die Finsternis des Mittelalters, das auch wieder fast 1.000 Jahre dauern sollte.